中华人物故事汇

中华先烈人物故事汇

王尔琢

军事科学院解放军党史军史研究中心

学习出版社

中华先烈人物故事汇《王尔琢》编委会

主　编：曲宝林

编　著：王　冬　周治龙

目 录

Contents

引　子

他从军报国，成为黄埔军校第一期的高才生，先是参加北伐战争、南昌起义、湘南暴动，后又建功井冈山，协助毛泽东、朱德指挥五斗江、草市坳、龙源口等著名战斗，在血雨腥风的战场磨砺中，成长为红军骁勇善战的“一位能将”。

他以身许国，新婚不久就离家别妻奔赴广州，革命不成功誓不回家，在写下一封诉说万般衷肠的“托孤书”后，又继续踏上革命征程，并蓄须明志，“革命不成功，就不剃头、不刮胡子”，20多岁赢得军中“美髯公”的赞誉。

他牺牲为国，毛泽东拟稿、陈毅书写挽联给予高度评价：“一哭尔琢，二哭尔琢，尔琢今已矣，留却重任谁承受？生为阶级，死为阶级，阶级后如何？得到胜利方始休！”

他，就是我军早期的重要领导人之一、中国工农红军优秀指挥员、红 4 军参谋长兼第 28 团团长王尔琢。

王尔琢，字蕴璞，1903 年 1 月 23 日出生于湖南省常德市石门县商溪河官桥村（今磨市镇王官桥村）一个小康人家。早年就读于石门县立高级小学，1920 年 7 月考入湖南省立甲种工业学校，开始接受马克思主义理论并积极参加进步学生运动。1923 年年底，加入中国社会主义青年团。1924 年 3 月，通过何叔衡帮助，王尔琢考入黄埔军校第一期。同年，经政治部主任周恩来介绍加入中国共产党。毕业后，他留校任分队长，参加了讨伐陈炯明、杨希闵和刘震寰等战斗。北伐战争开始后，王尔琢任国民革命军第 3 军 9 师 26 团党代表，不久任东路先遣军政治部主任。四一二反革命政变发生后，蒋介石密令逮捕以王尔琢为首的东路先遣军中的共产党员。王尔琢得到消息后，立即带领所有党员迅速离开东路先遣军进入上海，跟随周恩来和中共上海区委从事工人运动。

1927 年 7 月，王尔琢受党的派遣，担任国民革命军第4军25师74团参谋长，随后参加了南昌起义。起义后大部队南下广东，他所在的第25师归朱德指挥，留守大埔县三河坝，与国民党军钱大钧部恶战三昼夜，由于敌众我寡，部队撤出战斗。转战途中，王尔琢不仅协助朱德指挥打仗，而且边走边做思想教育工作，鼓舞部队士气。10月底，起义部队千里转战到湘粤赣三省交界的大庾、崇义一带休整，剩余的部队被整编成1个纵队，朱德任司令，陈毅任政治指导员，王尔琢任参谋长，坚持开展游击战争。1928年1月中旬，朱德、王尔琢带领伪装成国民党军的起义部队智取宜章县城，解除了县团防局的武装，纵队改编为工农革命军第1师，王尔琢任第1师参谋长。起义军占领宜章，揭开了湘南暴动的序幕。不久，王尔琢率部歼灭许克祥部1000余人，接着挥师北上，攻占湘南重镇郴州。随后，又打下耒阳、资兴、永兴等县，革命的浪潮席卷整个湘南。

1928年4月下旬，南昌起义军余部、湘南农军与毛泽东领导的湘赣边界秋收起义部队在井冈山胜利会师。5月4日，宣布成立工农革命军第4

军（6月改称工农红军第4军），王尔琢任第4军参谋长兼第28团团长，他不仅协助毛泽东、朱德制定适合红军的战略战术，而且每次大的战斗都亲临火线直接指挥部队作战。他曾先后指挥五斗江、草市坳、龙源口等战斗，率第28团英勇作战，粉碎了湘赣两省国民党军发动的多次大规模“进剿”“会剿”，成为纵横井冈山的红军骁将，为保卫和发展井冈山革命根据地作出了重要贡献，赢得了“飞兵二十八团”的佳誉。当选中共红4军前敌委员会委员和中共湘赣边界特委委员。

1928年8月25日，王尔琢在江西崇义思顺圩追赶叛徒袁崇全时英勇牺牲，把一腔热血献给了党的革命事业，年仅25岁。

英雄已逝，精神永存。王尔琢的一生虽然短暂，但他终生追求救国救民的真理，始终爱党信党跟党走，把共产主义事业作为人生的最高目标，风雨如磐坚定共产主义理想信念，不怕艰难困苦，不怕流血牺牲，鞠躬尽瘁，死而后已，为中国革命胜利作出了重大贡献，他的功绩与井冈山同在，他的高尚情操与日月同辉！王尔琢矢志不渝的坚定信念、英勇顽强的战斗作风、甘洒热血的献身精神，值得我们每一位共产党员和青少年朋友学习和敬仰，永远激励着后人在实现中华民族伟大复兴的征程中不断前行！

01 自古英雄出少年

善良好学

湖南是一个历史悠久、风光秀丽、人杰地灵的地方，这里出现过许多著名的人物。位于湘西北的石门县，是座典型的山城，地形呈现弯把葫芦状，地势自西向东南倾斜，西北部群山叠翠，东南部平岗交错。相传县城外有两岩石壁双立，观之如门，遂称石门。石门地处湘鄂交界，东望洞庭湖，南接桃花源，西邻张家界，北连长江三峡，交通便利，有“武陵门户”与“潇湘北极”之称。石门有句民谣：“金仙阳，银渡水，有钱难买商溪水。”说的是仙阳、渡水、商溪河这三处地方气候温和、土地肥沃、物产丰富。

位于商溪河畔的官桥村，两面是山，山下有条小溪，溪坎上有层层梯田，梯田上面尽是一片片的松树林和油桐林。小溪潺潺流水，鱼儿在水中游来游去。沿着溪边南岸小路径直走下去，便是小溪的源头。在南山脚下，有一处木质结构的三进院落，正面堂屋供奉着香火菩萨，前面横梁上悬挂着匾额，上面写着“三槐堂”3 个金光闪闪的大字，两边镌刻着“兰亭一绝家声远，槐树三株世泽长”的对联。这家主人姓王，名叫命仁。王命仁家有祖产水田 40 多亩，还有能打四五百斤桐油的山地，不愁吃，不愁穿，在当地算是小康之家。

王命仁是个闲不住的人，早年以屠户为业，专为乡里乡亲杀猪宰羊。那时人们都很迷信，认为杀戮牲口对子女不好，在亲朋好友的劝说下，就改做木材生意。在山里买人家的杉树、松树和杂木树，放到商溪河边码成堆，等涨水后扎成木排，顺水到附近的澧县等平原地区售卖。王命仁性格豪爽，为人正直，乐善好施，他所做的都是君子生意，在行业内口碑一直很好。收入虽不是很丰厚，但维持家用还是绰绰有余的。由于他心地善良，常常周济穷人，被人称为“王善人”。

王命仁的夫人姓郑，膝下有一儿一女，是典型的贤妻良母，整天操持家务，相夫教子。现在夫人怀的是第三胎，即将临盆。时间临近春节，一家人正翘首期盼着孩子平安降生。

1903 年 1 月 23 日（农历壬寅年腊月二十五），随着一声婴儿的啼哭，夫人产下一名男婴。王命仁家增男丁，喜不自胜，按家族辈分，给孩子取名尔琢，字蕴璞。

小尔琢的出生给这个殷实的家庭带来不少欢乐，父母企盼着儿子长大后能出人头地，给家族带来希冀。这样幸福的一家人，如果不是在那个动荡的战乱年代，也许会一直平静地生活下去。但生逢乱世，波谲云诡的画卷在历史大舞台上演，时势终究能够塑造出属于那个时代的英雄。

王尔琢一出生，父亲王命仁就提着一只公鸡到岳父岳母家报喜。岳父岳母一看，知道女儿又生了个男孩，乐得合不拢嘴，给女儿和外孙准备了两大筐坐月子的礼品。王尔琢满月后，母亲又抱着他到外婆家出月，到叔叔伯伯家拜年，大家看到这孩子生得顶平额宽，聪明机灵，十分惹人喜爱。

春去秋来，王尔琢长到了3岁。由于长期受封建思想和传统风俗习惯影响，在当时的湖南偏僻山区，订娃娃亲的习俗十分盛行。这年正月初二，父母带他到外婆家拜年。给外公、外婆磕过头后，又到舅舅、舅娘家拜年。舅舅见他越长越可爱，就对王命仁说："妹夫，俺俩儿结个儿女亲家，让尔琢和小女凤翠成一对吧！"王命仁满口答应："好呀！"于是便由王命传做媒人，两家互相换了庚帖。等王尔琢年满12岁后，他便以女婿的身份改口管舅舅叫岳父，管舅娘叫岳母。这样，王尔琢和郑凤翠从小就成了青梅竹马的一对儿。

王尔琢生活的那个小山村，封建宗族势力根深蒂固，政治上依旧受当地一位叫郑伏堂的大地主控制。这位郑伏堂是湘军唐荣阳手下的一名团长，仗着手中有枪，到处鱼肉乡里，欺压百姓，老百姓敢怒不敢言。王尔琢家虽然在经济上是小康之家，但由于父母都没有文化，老实本分，经常受郑地主的欺负。郑地主每年都会增加王尔琢家的捐税，而目不识丁的父亲王命仁和他理论不过，无可奈何只得如数交出。

有一次，王命仁把家门前河滩上的一块沙丘地，无偿地让给贫苦农民陈家丰。可是郑地主的姘头看到后很是眼红，也想占为己有。于是就跑到郑伏堂面前搬弄是非，非说那块沙丘是她父母留给她的。郑地主看到自己的相好哭得梨花带雨，加之他本身就忌妒王命仁的小康之家，于是便网罗罪名，派人去抓王命仁，并将他捆绑吊打，直到王尔琢的母亲郑氏四处筹借了 40 块大洋给他送来，才算换回王命仁的一条性命。这件事情在王尔琢幼小的心灵中埋下了对地主豪绅阶级仇恨的种子，从此他更加怜悯穷苦人。

旧社会的农村时兴敬神敬祖，每个节气都要祭祀，特别是腊月二十四南方过小年后，天天都要背着熟猪头到庙里敬菩萨，这些差事大部分都要小孩子参加。有一年的腊月二十四，父亲让他用背篓背一个熟猪头去敬菩萨。猪头的鼻孔里插上大葱和蒜薹，看起来挺有意思。父亲还在小竹篮里放一瓦壶谷酒、一碗米饭，还有香纸蜡烛。父命难违，王尔琢背起背篓，提着篮子出门了。一路上他遇到了许多衣衫褴褛的人，手里拖着棍子，胳膊挽着篮子，沿街乞讨。王尔琢看到那些面黄肌瘦的面容，心里十分同情。当他正准备走进一座寺庙时，看到一株大樟树下面围着一圈人，他好奇地挤进人群。看到一个和自己年纪相仿的少年，穿着单衣单裤，嘴唇发紫，上下牙齿冻得咯咯作响，正呜咽着向路人诉说自己的悲惨遭遇。

这个孩子叫路生，当年他的母亲怀着他给财主家送租，把他生在路上，于是就取了这个名字。送完租子，家中就断了口粮，母亲只好挖野菜充饥。没有乳汁喂孩子，母亲生病无钱医治，很快被病痛折磨死了。母亲死后不久，因欠财主家租子父亲又被逼死。为了抵债，地主就让他当小长工。头天夜里，路生因照顾客人不及时、周到，被财主老婆用火钳子狠狠地打了一顿，耳朵也被烫伤，临走时身上的棉衣棉裤还被扒了下来……

王尔琢听到这里，鼻子一酸，眼泪滚了下来："小哥哥，你还没吃饭吧？"

"嗯！"可怜的孩子点点头。

"我这里有碗饭，你快吃吧。"说完，王尔琢便从篮子里把敬神的米饭端出来。

路生见了，连忙摆手："不，我不能吃，你家大人会打你的。"

"快吃吧，不要紧的。"王尔琢说，"我父亲从来没有打过我，你放心吃吧！"

路生迟疑地接过碗筷。

王尔琢心里想："光吃饭不吃菜怎么行？"接着，他又把熟猪头的一只耳朵拧下来，递给路生。

路生怎么也不吃，在王尔琢的反复劝说下才开口吃起来。

"好吃吗？"王尔琢问。

"好吃，好吃！"路生回答。

王尔琢笑了，路生那泪痕未干的脸上也露出一丝笑意。

后来，王尔琢连庙里也没有去就回家了。当父亲见他提着一只耳朵的熟猪头，便责备他另一只猪耳朵哪里去了？

王尔琢把事情的经过一五一十地说了出来，父亲把王尔琢紧紧搂在怀里，连连说："我的好孩子！你做得对！做得对！"

王尔琢虽然家境殷实，但家里人仍要种地、喂牛，每天忙碌不已。他六七岁就开始跟小伙伴们一起上山放牛、割牛草。他家里喂养一头黄牛，每天太阳没有升起，就要把牛儿赶到屋旁的山坡上让它吃露水草。等放牛的小伙伴都到齐后，他们一块儿把牛儿赶到山沟里，让它们自由地到处走动，他和小伙伴一起在草地上玩打“飞鸡公”的游戏。到了夏天，中午他们到小溪里游戏、摸鱼，下午他们或捡干柴或割牛草，等太阳落山后才一起回家。小伙伴们把干柴和牛草背在背上，王尔琢却把牛草吊在牛尾巴上，让它拖回家。父亲见了，就对他母亲说：“孩子大了，该让他读书了。不然，他就会搞出一些像把牛草吊在牛尾巴上的怪事出来！”

在那个年代，山里很难找到学校。孩子们要读书，就得家长出钱请老师来教，这便产生了私塾。父亲王命仁常年在外面做生意，他知道读书识字的重要性，下定决心必须让孩子读书来振兴门庭。

9 岁那年，王尔琢的父亲与当地几户有钱人共同出资，请了一位姓王的老师在太平寺办了一所私塾，父亲便把王尔琢送到那里读书。私塾离家有几公里远，同学们一律带着铺盖行李在那里寄宿。教室里没有课桌，同学们就你带一个抽屉，他带一条板凳，凑合起来就是课桌。起初学《三字经》《百家姓》《千字文》等启蒙教育，后来就学《论语》《诗经》《左传》《千家诗》等古诗文。王尔琢学习很刻苦，老师教过的书，他总是做到会背诵和默写才肯罢休。他有一句话常常挂在嘴边："今日事今日毕，明日还有新功课。"

与王尔琢在同一张床上睡觉的同学叫王禹门，他常常一觉醒来，还看到王尔琢在昏暗的桐油灯下读书背诵，便劝他："王尔琢，你经常这样打夜工身体会受不了的。"

王尔琢说："我接受得慢，不反复读不行啊！与古人头悬梁、锥刺股读书相比，我还差得远呢！"

有一次，王禹门跟同学们打赌："谁要是能劝住王尔琢不打夜工，我愿意给他一块香墨。"有个同学自告奋勇："我来劝说。"在他的劝说下，熄灯铃打后，王尔琢真的上床睡觉了。

那个同学悄悄地对王禹门说："拿香墨来！"

王禹门不慌不忙地说："黑夜才开始呢！"

鸡叫头遍后，王尔琢从梦中惊醒。一看天还没亮，便背诵起白天学过的课文。背诵一半，后面的记不清了，就一骨碌爬起来，点亮桐油灯，默默地背诵起来。当起床铃打响时，那个同学睁开眼睛一看，见王尔琢正在油灯下聚精会神读书，便说："王尔琢呀王尔琢，你这是何苦呀！"

王尔琢清了清嗓子，模仿王先生的腔调吟诵："三更灯火五更鸡，正是男儿读书时。黑发不知勤学早，白首方悔读书迟。"

王尔琢悦耳的音调，引得好多同学跟着吟诵起来，无形中产生了一股激励大家积极向上的力量。连平时喜欢睡懒觉的同学也披衣起床，随着大伙一起朗诵起来。

书生意气

王尔琢在太平寺读了 4 年私塾后，1916 年夏天转到离家更远的官桥国民小学。这里讲授新学，开设国文、历史、地理、算术、图画、体育、音乐等课程，一扫旧式学校习气，使王尔琢耳目一新。

学校有一位名叫王新元的先生，负责教授国文和历史，他讲课绘声绘色，同学们最喜欢听。有一次，王先生在课堂上讲授岳飞的《满江红》，他不仅介绍了时代背景，深入浅出地解释词句意思，还讲解了秦桧陷害岳飞的故事。他的讲述时而慷慨激昂，时而悲痛万分，使“岳飞精忠报国”“奸臣陷害忠良”的概念给王尔琢留下了深刻的印象。

下课后，王尔琢又跑到王先生的房间，请求王先生再给他讲一遍。王先生从书架上抽出一本厚厚的书，说道：“你回去看吧，这上面写得更详细。”王尔琢接过一看，封面上印着《精忠演义说本岳王全传》几个字。

回到教室，他翻开就看，根本停不下来。看到水淹汤阴，他为岳飞的命运担心；看到沙盘练字，他为岳飞刻苦学习的精神所感动；看到岳母刺字，他为岳飞有位爱国的母亲而高兴；看到岳飞为师父守坟，他为岳飞的高尚品德所折服；看到大败金兵，他拍手称快；看到岳飞风波亭遇难，他失声痛哭……他被书中的情节深深地吸引，忘记了周围的一切，好像自己成为一名征战沙场的战士。

不久，村里来了戏班子，他们在商溪河边搭起戏台，唱起连台本《岳飞》。恰逢学校放假，王尔琢每场必到，等戏散了还不舍得离去。秦桧一出场，他的牙齿咬得咯咯作响，恨不得上去咬秦桧一口。剧情演到秦桧设计陷害岳飞时，王尔琢全身血管像炸裂似的，怎么也控制不住自己的冲动，随手从河滩上捡起一块鹅卵石，狠狠地向戏台上的秦桧砸去。后来，班主了解到是观众痛恨奸臣秦桧时，连说："打得好！打得好！就要打奸臣！"

课堂上，当王先生讲到甲午海战中壮烈殉国的邓世昌时，常会声泪俱下，顿足为英雄的壮举而叹息！邓世昌那种宁愿与敌同归于尽也不愿苟且偷生的大无畏的英雄气概，深深地感染了王尔琢，一股浓浓的爱国热情在王尔琢心中涌动。当讲到辛亥革命，分析当下形势时，王先生更是一脸的愤怒，这愤怒中有对日本等帝国主义的憎恨，也有对北洋军阀软弱无能、卖国求荣的憎恨！王先生的情绪，明显地感染着王尔琢和他的同学们，大家个个怒目圆睁。

在王先生的熏陶下，王尔琢对清政府和北洋军阀的丧权辱国行为无比愤恨，对孙中山等仁人志士发动的黄花岗起义和辛亥革命无限敬仰，这使他萌发了励精图治、救国救民的思想。此后，他愈加发愤读书，只用两年时间就完成了初小学业。1918 年，王尔琢和王禹门等 8 名同学，考取了石门县立高级小学。

县立高小的生活，对于刚刚从农村走出来的王尔琢来说是全新的，他甚至感觉到县城的空气都透着一股进步的味道，他更加如饥似渴地学习各种知识。渐渐地，课堂上所学到的已经满足不了他旺盛的求知欲，他开始找来各种报刊阅读，思想变得更加活跃。

第一次世界大战结束后，巴黎和会上中国政府外交失败，作为战胜国的中国，却被战败国德国把在山东占有的特权让给了日本。这一屈辱的消息传到国内后，全国群情激愤，有志青年身先士卒，掀起了波澜壮阔的反帝反封建的五四爱国运动。地处偏僻山区的石门县城，同样受到了这场伟大的爱国运动的深刻影响和震撼。王尔琢再也不能安心读书了，他和进步同学一起，带领全校学生上街游行示威。当时斗争的矛头主要是北洋军阀政府和日本帝国主义，学生们在县城游行、演讲，宣传抵制日货，并组成清查队，到各个店铺里清查日货。王尔琢和爱国学生一起把所有商人上缴和清查出来的日货收集在一地儿，在街市上当众烧毁。

这次运动在石门县城搞得轰轰烈烈，可是没有持续多久就停止了。原因是王尔琢“干预国事”。这犹如一枚重磅炸弹，在这偏僻的湘西北小县城里，引爆了一片哗然。受惊的县长急忙下令追究“闹事”学生的罪责，王尔琢等进步学生虽被通缉，却依然如故，到处宣传北洋军阀的腐败无能，丝毫没有惧怕的样子。眼看事情越闹越大，幸得校长出面担保，他们才免遭牢狱之苦。

五四运动是王尔琢一生中经历的第一次革命洗礼，它唤醒了王尔琢心底的爱国热情，培养了他朴素的报国信念，对他后来的革命选择和人生轨迹影响很大。从此，他深刻认识到，自己深爱的祖国，外受帝国主义的压迫，内受军阀混战的蹂躏，人民生活困苦到了极点，一定要想方设法让她强盛起来。但怎样让她强盛起来？王尔琢此时还处于一个迷茫探索阶段。

立志救国

王尔琢从县立高小毕业后，随父亲来到澧县寅家河做木排生意，呈现在他面前的是一片崭新的天地。这里没有弯弯曲曲的溪沟，却有浩浩荡荡的澧水；这里没有粗犷的山歌，却有动听的船工号子。他被这里的秀丽风景陶醉，常常流连于这美丽的图画中。同时，他也开始思考自己的人生道路该怎么走。

澧水是洞庭湖的一大水系，上游是“百里画廊”，下游属于平原地区，河道平缓，航运发达，干流终年可通行小型货轮。近年来，日英等帝国主义国家的轮船逐渐增多，完全把这里当成自由进出的无人区。这让王尔琢深刻体会到中国的贫弱，根源就是实业和科学的不发达。

王尔琢心想：帝国主义之所以强盛，原因在于他们的国家有发达的工业，能制造飞机、大炮；中国之所以贫弱，就在于人民不懂科学。如果中国也能制造飞机、大炮，就不用害怕帝国主义了，中国必须走“工业救国”和“科学救国”的道路。

1920 年 7 月，王尔琢考入湖南省甲种工业学校，一心一意学工业，立志走工业救国的道路。上学期间，他埋头书本，侧重钻研数学、物理、化学等科目。不仅自己的成绩优良，还十分关心其他同学的功课，希望别人与他一样，发愤读书，学好知识，增长本领，将来办工厂为国出力。由于他乐于助人，被同学们推选为校学友会的组织干事，经常组织领导参加进步学生运动。

1921 年 7 月，中国共产党成立。在党的领导下，全国罢工运动风起云涌，声势浩大。1922 年 1 月 16 日，湖南劳工会组织领导湖南第一纱厂工人举行罢工和大规模游行示威，抗议军阀赵恒惕将纱厂卖给资本家承办，要求收回公有，遭到反动军警镇压，劳工会领袖黄爱、庞人铨被捕入狱，第二天被枪杀于长沙浏阳门外。两位英烈殉难的消息传出后，引起工人阶级和全国人民的无比愤怒。毛泽东在长沙举行两次追悼会，发行纪念特刊，迅速把湖南工人运动和群众斗争推向高潮。中国共产党领导长沙人民开展了反对军阀统治、资本家压榨工人的斗争，并派人到湖南甲种工业学校发动学生举行抗议活动。王尔琢与学友会的其他负责人一道，带领同学们上街游行示威，散发传单，张贴标语，抗议军阀的暴行，悼念牺牲的烈士。

经过这次实践斗争，王尔琢目睹了劳苦工农的贫困和统治阶级的腐朽，对原先自己实业救国的信念产生了怀疑。这时候，他在图书馆里接触到了《新青年》《共产党》《少年中国》等一些进步书刊，像“我们只有用阶级战争的手段，打倒一切资产阶级，从他们手里抢夺来政权”，“用劳动专政的制度，拥护劳动者的政权，建设劳动者的国家”等新思想新观点，给他勾画出一个新的世界，使他产生了强烈的向往。通过认真阅读，他从中领悟到许多革命道理，懂得要实现劳苦大众的解放，必须实行革命，推翻军阀的反动统治。那时，虽然他还不知道中国共产党已经成立，但是他对马克思的理论却十分欣赏。

王尔琢爱好演讲，他经常向同学们讲述他从报刊上读到的工人起义和罢工的情形。从这些讲述中，他更加深切地看到了工人团结起来的巨大力量，也看到了斗争的美好前景。为了唤起更多同学的觉醒，他与校学友会负责人商量，以学友会名义在校内开设一个出售进步书刊的书店。在王尔琢等紧锣密鼓的筹备下，书店终于开张营业，吸引更多进步学生踊跃参与读书和购买，进步思想在校园内外广泛传播。

1922 年 10 月 6 日，在全国第一次工人运动的高潮中，中国劳动组合书记部湖南分部领导了长沙泥木工人大罢工。罢工前，在共产党人毛泽东的领导下组成了泥木工会，提出了增加工人工资等要求，并发表了罢工宣言。

请愿队伍从早上 8 点到长沙县衙门斗争至次日凌晨 4 点，尽管军阀赵恒惕用武力威胁、暴力恐吓等手段，都没有吓退工人。泥木工人经过 20

天罢工斗争，在长沙各工团工人及中国劳动组合书记部的支援下，罢工斗争获得了完全胜利。斗争的结果，不仅保证了一天3角4分的工资，而且获得了“营业自由”，从此工人要增加工资，政府不得干涉。

长沙泥木工人的这次罢工胜利，鼓舞了长沙和湖南其他地区的工人。同样，也鼓舞了在校学习的王尔琢和省学联的宣传队员。从此，工人运动在湖南省风起云涌地开展起来。

1923年2月7日，京汉铁路工人大罢工惨案发生后，王尔琢带领爱国学生与省学联宣传队员一起走上街头游行，积极为二七惨案中遇难的工人家属募捐，此举为湖南开展得如火如荼的革命斗争再添绚丽的一笔。

为了抗议日本帝国主义拒不归还租借期满的大连、旅顺军港，湖南成立了“外交后援会”，王尔琢积极参加后援会的反日活动，他和纠察队员一道，在金家码头检查日货，禁止戴生昌公司的日轮靠岸。由此在内河上行驶多年的“戴生昌”日轮，经营状况日趋惨淡。

在长沙的日子里，王尔琢有更多的机会拜访毛泽东创办的“文化书社”，在那里他第一次读到了《共产党宣言》《共产主义 ABC》《资本论》《湘江评论》等革命书刊，了解了中国共产党，知道了关于共产主义和共产党的主张。这些先进理论和进步思想使他茅塞顿开，眼前豁然开朗。他终于找到了中国贫弱和工农劳苦大众受剥削、受压迫的真正根源，他决心抛弃实业救国的幻想，离开学工的校园去学习军事，跟着共产党，推翻旧世界，积极投身到打破帝国主义和封建军阀反动统治的实际斗争中。

1923 年年底，王尔琢在船山学社加入了中国社会主义青年团，在追求真理的道路上迈出了重要的一步。

02 投考黄埔建功勋

投笔从戎

1924 年 1 月，中国国民党第一次全国代表大会在广州召开，会议事实上确立了联俄、联共、扶助农工的三大革命政策，标志着第一次国共合作正式形成。

国共合作实现后，以广州为中心，汇集起全国革命力量，很快就开创了反对帝国主义和封建军阀的革命新局面。为造就革命武装的骨干力量，在共产党人的建议下，国民党一大决定创办一所陆军军官学校，即黄埔军校，为的是“要用这个学校内的学生做根本，成立革命军”。共产党从各地选派大批党团员和革命青年到黄埔军校学习。

王尔琢听到这个消息后，欣喜若狂，毅然中断只差一个学期就要结业的课程，匆匆回家告别新婚不久的妻子，决意去广州投考黄埔军校。

黄埔军校的考试是严格的，标准要求非常高，一般要经过3次考试，又称作“过三关”。第一关是要通过各省区的初试，第二关是要通过大地区范围内的复试，第三关是要通过黄埔军校的总考试。

当时，除广东的广州外，各省都在军阀统治之下。湖南军阀赵恒惕最为反动。国民党湖南省党部尚在筹备中，选拔学员的工作由中共湘区委员会（湘区管辖今湖南全省及江西萍乡地区）秘密进行。湖南具体负责招生工作的正是中国共产党的创始人之一、中共一大代表何叔衡。

3月，何叔衡与毛泽东一起作为湖南省代表到广州出席国民党第一次全国代表大会，之后何叔衡回到长沙，受黄埔军校筹备委员会的委托，由他办理该校第一期在湖南的招生。当时在国民党上海执行部工作的毛泽东主张革命军队是实现革命理论的先锋，应多选派党团员或进步青年到军校学习，培养党的武装骨干。

何叔衡也赞同这一主张，通知党的基层组织，秘密选拔了一批以共产党员和共青团员为主的青年，于3月初的一个夜晚在区机关所在地长沙清水塘组织考试。湖南的初考，仅考国文一篇。王尔琢在以《试述投考黄埔军校的志愿》为题的作文中，表达了自己愿为劳苦大众的解放而效命沙场的决心和意愿，被中共湘区党组织初步录取。同时还有赵自选、郭一予、陈作为、刘畴西等17人被录取（当时，湖南省共有正式名额15名，另备取3名）。这些人由赵自选带队去上海参加复试。临行前，何叔衡嘱咐他们要秘密分散，搭火车、轮船到汉口后，再坐轮船到上海见毛泽东。

这十几人到达上海后，由陈作为、赵自选、郭一予将湖南录取的黄埔军校学生名单和公函一起交给了毛泽东。毛泽东当时负责黄埔军校上海地区考生复试工作，不仅热情接待了长江流域及其以北各省的考生，还叮嘱大家，“这次复试人数很多，很认真，凭考试成绩录取，你们赶快准备功课复试”。湖南的考生们这才知道算数、代数、几何、三角、理化等都要考试。3月底，秘密进行了数、理、化各科复试，从中择优录取了成绩较好的王尔琢等8人，并发给他们旅费和证明书，指定他们去广州参加最后的全国总复试。多年以后这些热血青年还记得，在送别的时刻，毛泽东都会说一句“让我们相会在广州”，以及码头上那个挥着手的清瘦身影。

王尔琢来到广州后，经过几天紧张复习，最后的笔试即将在广东高等师范学校举行。想到心愿即将达成，王尔琢激动不已，热血沸腾，辗转难眠。笔试这天上午，王尔琢手持准考证进入第三考场，在戒备森严的警卫士兵和监考工作人员的目光中开始了考试。首先进行的是作文，题目是《论中国贫弱的原因和挽救之道》。看到题目后，王尔琢心中要说的肺腑之言，犹如滔滔江水，连绵不绝。长期的耳濡目染和切身体验，让他对中国贫弱的原因有着详尽而独到的见解，全部付诸笔端，不知不觉地就洋洋洒洒落笔千言，自然是信心满满地走出考场。由于王尔琢学工科出身，在接下来所考的数学、地理等几门课也表现得驾轻就熟。在口试现场，面对众考官的尖锐提问，王尔琢用一番情真意切、高亢激扬的动人演讲，博得了满堂的赞赏。考试结束后，王尔琢以各科成绩优良的正取生资格考入梦寐以求的黄埔军校。从此，王尔琢在黄埔军校开始了他军事生涯的第一站。

黄埔骄子

黄埔军校，1924 年正式成立时称中国国民党陆军军官学校，简称陆军军官学校，悬挂在学校大门上的校牌就是如此书写。因校址在离广州市郊区约 20 公里处的黄埔区长洲岛，故又称黄埔军校。长洲岛四面环水，为广州军事重地，所以孙中山决定把校址选在这里。

孙中山对黄埔军校寄予极大的期望，他亲任军校总理，蒋介石任校长，廖仲恺任党代表，当时国共两党中的许多重要干部和社会知名人士都在军校各部门中担任重要职务。比如，戴季陶、邵元冲、周恩来先后担任政治部主任；李济深、邓演达分任教练部主任、副主任；王柏龄、叶剑英分任教授部主任、副主任；林振雄任管理部主任；周俊彦任军需部主任；何应钦为军事总教官。政治教官以共产党员为主，主要有恽代英、萧楚女、聂荣臻（兼政治部秘书）、张秋人等。还有苏俄政府派来的鲍罗廷、加伦、巴甫洛夫、切列潘诺夫等富有军事和政治经验的专家指导军校的建设。

黄埔军校自创建之初，就洋溢着生气蓬勃的革命气氛，军校大门上嵌着“革命者来”的匾额，门两侧写着“升官发财请往他处，贪生畏死勿入斯门”的对联，校内张贴着各种标语、口号，师生们高唱着《国民革命歌》和《黄埔校歌》，精神焕发，充满了革命激情。

1924 年 6 月 16 日，黄埔军校举行隆重的开学典礼。第一期共 470 名学生，编成 1 个学生总队，邓演达任总队长，下面编第 1、第 2、第 3、第 4 队，统为步兵科。当时的考生分为正取生和备取生两类，王尔琢是正取生，被分配在第 1 队，该队是 4 个学生队中入学时考分最高、成绩最优秀的队，著名的共产党员蒋先云就在这个队。第 4

队是由备取生编成的。

这天早晨，近500名师生在蒋介石、廖仲恺的率领下于军校门口列队肃立恭迎孙中山来参加开学典礼。上午7时40分，孙中山偕夫人宋庆龄在胡汉民、汪精卫、谭延闿、林森、许崇智等人的陪同下乘军舰莅临军校。他头戴“拿破仑”式白帽，身着笔挺的白色中山装，精神饱满，神采奕奕，一边前行一边向师生频频招手致意。

9时30分，开学典礼正式开始，国共两党人士和军校师生500多人列队参加。孙中山以军校总理身份致辞，发表了题为《革命军的基础在高深的学问》的长篇演讲。这个讲话记录稿长达7400余字，孙中山站在讲台上，神态安详，目光炯炯，以其毕生从事革命事业所得出的深刻教训，谆谆教诲黄埔师生，足足讲了1个多小时。讲台下鸦雀无声，大家列队肃立，凝神静听。

孙中山在讲话中号召全体师生，“从今天起立一个志愿，一生一世都不存升官发财的心理，只知救国救民的事业”，要“学先烈的行为，像他们一样，舍身成仁”，“革命党的精神，就是不怕死的精神。有了这种精神，一百个人就能打一万个人。有一支一万人的革命军，就可以打倒军阀”。孙中山对第一期学生寄予极大希望，要求“要用这500人做基础，造成我理想的革命军”，以完成拯救国家的大业。

王尔琢平生第一次目睹孙中山的风采，并亲耳聆听他的教诲，心里兴奋极了。他目不转睛地望着孙中山，努力将他的每一句话、每一个字都铭刻在脑海里。孙中山的讲话给师生上了第一堂生动实际的政治课，使大家开始懂得了建立革命武装对于完成国民革命的重大意义，以及革命军人所肩负的救国救民的重任，更加坚定了将革命进行到底的信心和勇气。

黄埔军校的军事课程分为学科和术科两种。学科，包括步兵操练、射击教程、战术学、兵器学、交通学、筑城学、军制学等理论课；术科，包括制式教练、战斗教练、实弹射击、行军宿营、战斗联络等军事技术。当时的教材基本上都是苏联顾问提供的，内容比较新颖。教官们授课也非常认真负责，有时也十分严厉。有位教官在给王尔琢等人上课时，总是先认真讲授各种动作要领，然后进行示范动作，经学生们相互演练后，他再同一个个同学生进行格斗，以检验学生们的勇气和学习效果。经过这样严格的训练后，黄埔军校的学生不但掌握了军事本领，还培养了大无畏的革命精神。

军校生活十分紧张，除了超负荷的术科训练，还有以理论知识为主的学科也不能有丝毫的怠慢。王尔琢始终觉得学习时间不够用，他抓紧利用点滴时间，起早贪黑，温故而知新。由于他勤奋学习，刻苦操练，门门功课的成绩都是优秀。再加上他的活动能力强，在学生中很有些名气。

周恩来到黄埔军校担任政治部主任后，对政治工作抓得很紧，常常亲自讲课，组织各种形式的政治活动。特别是他讲课内容简明扼要，深入浅出，颇受大家欢迎。周恩来还选拔了一批成绩突出、表现优异的学生担任各级党代表职务。王尔琢出色的表现，引起了周恩来的注意，师生俩常常在一起讨论革命的未来，周恩来非常器重和赏识他。

王尔琢特别喜欢周恩来、恽代英等人的演讲，每月发的生活补贴，几乎都用来购买《中国青年》《列宁传略》等革命理论书刊。他还将理论和实际相结合，协助蒋先云、杨其纲等人油印出版了黄埔军校自己的刊物《士兵之友》。当《士兵之友》创刊号发到校本部和各部、处以及各学生队时，正是上午操课结束、午饭之前的时间，学生们刚刚回到自己的寝室，一看到一张张四开八版、刻印考究、散发着油墨香的小报出现在学生们面前时，顿时成了各级长官、教官和学生们的抢手之物。“我们的报纸！”“我们黄埔军校的报纸！”看着大家纷纷拥上前去，争相领取报纸认真阅读，王尔琢感到从未有过的欣慰。他自己也拿起一份报纸，仔细地阅读后，便把这份小报收藏在枕头下面，当作稀有的珍物一般加以保存。

黄埔军校创办于一个非常的历史时期，一开始就引起了中外反动势力的仇视，特别是在广州的一些军阀武装，更是把它视为眼中钉、肉中刺，欲灭之而后快。那时的广州，外有盘踞在东江地区的陈炯明势力，时时企图卷土重来；内有各省前来依附的军阀部队和广州反动商团武装，他们相互勾结，伺机起事。革命政权几乎每天都面临着内外敌人倾覆的危险，形势紧张，环境十分险恶。

广州商团原是广州商会建立起来的商人自卫武装，但后来发展成为维护买办阶级利益、镇压工人运动的反动武装。广州商会会长、英国汇丰银行广东分行买办陈廉伯和广东佛山大地主陈恭受，伙同其他国民党右派分子，在英帝国主义者支持下，于 1924 年七八月间，策划发动广州商团武装叛乱。

8 月初，商团从香港私运步枪近万支、子弹 300 万发等大批武器到广州，企图扩大反动武装，内外勾结，推翻广州革命政府。秘密运送枪械一事被革命政府获悉后，孙中山命令黄埔军校学员将这批枪械扣押。

扣押这批枪械和弹药，对于初创时期的黄埔军校来说实在是太重要了。只要有了这些枪支弹药，黄埔军校就能站稳脚跟。王尔琢清楚记得，当打开“哈佛”号船舱看见那一捆捆、一箱箱的长短枪支，他抑制不住地激动。学员们只用 1 个小时便将所有枪械弹药搬上岸，按照孙中山指令，在黄埔军校一间临时腾空的军械仓库内封存起来，由黄埔军校学员轮班看管。

反动商团哪里肯善罢甘休，他们不但要求返还被扣武器，还于 10 月 10 日在广州市纪念武昌起义 13 周年集会后的示威游行中，向群众开枪射击，当场死伤百余人。同时蛊惑、强迫商人罢市，要求孙中山下台，并勾结军阀军队配合行动，派兵进攻广州。

当时，广州革命政府尚未建立自己的革命军，王尔琢等黄埔学生正在学习训练之中。但情况紧急，广州革命政府决定，以黄埔学生为主力消灭商团叛变武装。

军校接到命令后，以举行夜间演习为名进入广州市区，直到深夜开始巷战演习时才宣布正式命令：围剿商团叛乱。学生军分为 4 个队，针对不同目标开始进行反攻。王尔琢和他的第 1 队学生奉命到石井兵工厂，担任孙中山的卫队。大雨如注，学生军手持武器在街面上行进，浑身湿透，没

Harvard 201

有一个人到街旁屋檐下躲雨。战斗开始了，同学们怀着保卫孙中山、保卫革命政权、为死难同学复仇的怒火向敌人猛扑过去。王尔琢带领学生刚到兵工厂就碰到了一伙商团武装，这伙商团武装本是一群乌合之众，看到军容严整、如排山倒海般开进来的黄埔学生，早就吓得魂飞魄散，乖乖地束手就擒，商团残部在黄埔师生的包围下被迫全部缴械投降。当初骄横不可一世的商团头子陈廉伯，此时只好灰溜溜地躲进英国领事馆。这次参加商团平叛，使黄埔军校学生第一次呈现在广州各界和广大市民面前，从此黄埔军校声名大震。

由于王尔琢各方面表现出色，在周恩来的培养和介绍下，王尔琢于军校毕业前夕加入了中国共产党。

1924 年 11 月 30 日，王尔琢从黄埔军校毕业，留校担任第二、第三期学生队分队长和党代表。在校期间，王尔琢积极协助蒋先云、周逸群等一起领导由周恩来亲自组建的“中国青年军人联合会”，与国民党右派组织“孙文主义学会”进行针锋相对的斗争。

参加东征

广州革命政府的第一次东征，是中国近代史上的重要战役之一，它对广东革命根据地的统一、北伐战争，以及国民革命军的成立与发展，都具有极为重要的意义。

1925 年 1 月，盘踞在广东省惠州、潮州、汕头一带的军阀陈炯明部，在英帝国主义和北洋军阀段祺瑞的支持下，趁孙中山北上商定国事的机会，自命为“救粤军总司令”，在汕头召开军事会议，准备进攻革命根据地广州，妄图摧毁革命政权。为了进一步巩固革命阵地，广州革命政府在中国共产党的倡议和支持下，于 1 月 15 日发布《东征宣言》，决定东征讨伐陈炯明。黄埔军校即以教导团和在校师生组成校军，参加东征作战。军校校长兼粤军参谋长蒋介石、党代表廖仲恺、政治部主任周恩来随军出征。

东征军分3路：右路军为黄埔军校校军和粤军，由蒋介石亲自率领，周恩来、叶剑英和苏联顾问等具体领导指挥，有3000多人，任务是进攻淡水、海陆丰及潮汕的陈嫡系洪兆麟部；左路军为滇军杨希闵部，进攻河源、五华、兴宁；中路军为桂军刘震寰部和一部分滇军，进攻惠阳。黄埔军校教导团官兵和学生军组成的校军，是东征的主力。王尔琢在教导第1团任连党代表，随右路军行动，与众多优秀青年一起，他们在行军途中大声高唱着《国民革命军行军歌》，第一次踏上了真正的战场。

民国元气智勇仁，救国保种矢精威。

民族民权与民生，三民主义革命军。

……

万众同德更同心，天下为公大道行。

民族民权与民生，三民主义革命军。

前进前进更前进，原味主义作牺牲。

民族民权与民生，三民主义革命军。

东征途中，由于有共产党员和共青团员发挥

先锋模范作用，并在群众的积极支持下，黄埔校军更是纪律严明、战绩显赫。广东连年战祸，人民生灵涂炭。东江人民长期遭受陈军蹂躏，他们恨军队甚于恨土匪。而黄埔校军却使东江人民耳目一新，官兵们军容严整，衣领上都系着一条鲜艳的红领带，一个个都精神抖擞地奋勇向前。每个战士的背包上，都挂有“爱国家，爱人民，不贪财，不怕死”的牌子，东征军被当地百姓称赞为“为民众而牺牲之先锋队”。

他们在东征《敬告士兵同志们》中写到：“我们做军人的，吃的饭，穿的衣，都是人民给我们的。我们应该千万爱护人民，不可扰乱人民。如果我们扰乱人民，人民也就用我们打倒陈炯明的手段，同样来打倒我们。”黄埔校军秋毫无犯，不筹饷，不拉夫，不强占民房，深受人民爱戴。沿途的老百姓，热情地送水、送煮鸡蛋、送烤红薯，慰问官兵。

以黄埔军校教导团为骨干的右路军向潮汕地区进发。他们奋勇拼杀，在彭湃领导的海陆丰农民的支援下，一路势如破竹。2月初，校军与粤军联合行动，肃清广九铁路的敌军，之后向淡水城疾进。王尔琢所在教导第 1 团乘船向沙角前进，登陆后沿广九铁路开进，在毗邻惠州南面的淡水城待命。

淡水城是一个小城镇，位于今深圳市的东北不远处。东征时期的淡水城，四周筑有高 6 米、厚 3 米的石头城墙，可以抵挡枪弹的射击，并设有上、中、下 3 层枪眼，形成立体射击火力网；城墙下是又宽又深的壕沟，外面是 300 多米宽的洼地，地势开阔，一览无余。淡水城距离陈军洪兆麟部驻防的惠州，只有 30 多公里路程，陈炯明的副总指挥洪兆麟已急遣所部 2000 余人增援淡水，援军可朝发夕至。因此，黄埔校军必须赶在援敌到达之前攻下淡水。否则，胜负难料。

2 月 14 日，进攻淡水的命令下达。由校军教导第 1 团担任主攻，尽快从城墙东南角突破。这天，从拂晓一直打到下午 6 时，2 个教导团对淡水城发起一次次猛烈进攻，无奈官兵们的枪弹被又高又厚的城墙挡住，不能攻进城去。情急之下，指挥部决定挑选 100 名奋勇队员作为攻城先锋，由教导第 1、第 2 团的 8 位党代表和 2 名国民党党员担任奋勇队官长带领攻城，王尔琢就是其中一位。

临出发前，周恩来来到王尔琢等人面前，声音激动地动员道："同志们，你们就要去向淡水城里的敌人冲锋了，你们都有不怕死和踏平敌城的精神，这是我们革命军所独有的，是其他一切军阀部队所不可比的，因为你们明白了是为了谁去攻城，为了谁去牺牲……"

15 日拂晓，在炮火掩护下，奋勇队队员架起云梯开始攻城。可梯子刚架到城头，就被守城敌军用铁叉推倒。一批批队员倒下，又一批批队员冲上去。云梯不够，就搭起人梯，最后杀开一条血路，登上城头。黄埔军校教导团和学生军英勇顽强，经过激烈交战，迅速歼敌，占领了淡水城。

正当肃清残敌之际，王尔琢接到上级命令，说洪兆麟部已带援军到达淡水，命他们做好迎战准备。又经一场恶战，将援军歼灭。淡水一战，共歼敌 3000 余人，俘敌 1000 多人，缴获步枪 1000 余支，机枪 10 多挺。战后，教导第 1 团的军事顾问切列潘诺夫亲眼见到黄埔军校官兵师生的舍身行为，称赞说：“黄埔军校第一期毕业的尉级军官绝大多数都表现很好。”

左路军与中路军在右路军攻克淡水后，仍迟迟未动，右路军决心孤军乘胜向洪兆麟部猛攻。接着，右路军东下平山，28 日攻克陈炯明的家乡海丰城。3 月 6 日，东征军分别攻克陈炯明的东江据点潮州、汕头。接着，又占领了普宁、梅县等地。整个东征过程中，黄埔校军虽然损失不小，但最终将陈军赶出了广东。

东江刚刚收复，黄埔校军就收到孙中山在北京逝世的消息，如晴天霹雳，霎时全军处于巨大的悲痛之中。随后，留守广州的滇桂军阀杨希闵、刘震寰也得到消息，他们心怀叵测，与英帝国主义和北洋军阀暗中勾结，阴谋策划发动军事叛乱，企图颠覆广州革命政府。在中国共产党和国民党左派廖仲恺等人的坚决主张下，广州革命政府命令黄埔校军等东征军迅速回师广州，讨伐杨希闵、刘震寰部。

6 月初，黄埔校军冒着酷暑，奉命兼程回师广州，平定杨、刘叛乱。王尔琢随军转战广州，参加平叛。

杨希闵、刘震寰的滇桂军多是一些烟兵赌将，军官比士兵多，烟枪比步枪多，步枪比子弹多。无论官兵，每人都有两支枪，一支是步枪或手枪，一支是鸦片烟枪。他们占领广州后，在城内大肆烧、杀、抢、掠，使一向拥护革命政府的广大百姓惨遭苦难。中共广东区委成立革命委员会，发动群众积极支援部队，并指示铁甲车队配合主力作战。黄埔校军打到广州后，得到当地百姓的拥护，在广州工人和各地农民等的支援下，迅速平息了杨、刘叛乱，收复广州，使革命政府转危为安。

平定杨、刘叛乱后，7 月 1 日，广州大元帅府正式改组为中华民国国民政府。国民政府以黄埔军校教导团为基础，成立了国民革命军第 1 军，周恩来担任第 1 军副党代表兼政治部主任。王尔琢由于在东征中作战勇敢，表现突出，被提升为营长。

9 月，粤东的军阀陈炯明又死灰复燃，乘机重新占据梅县、潮汕、惠州等地乃至整个东江地区。为了彻底消灭广东境内反动军阀势力，巩固革命根据地，国民政府举行第二次东征，讨伐陈炯明。周恩来任东征军总政治部主任兼第 1 军党代表。革命军此次出征的口号是："不要钱，不要命，爱国家，爱百姓。"并提出"十不怕"："不怕死，不怕穷，不怕冻，不怕痛，不怕热，不怕饥，不怕疲，不怕远，不怕重，不怕险。"

10月 1 日，东征军从广州陆续出发，向博罗、惠州前进。惠州战斗，是第二次东征中的硬仗。惠州分东西两城，易守难攻，号称东江天险。陈炯明仰仗惠州城的地理条件，把最后的王牌军队都压在这里。惠州城下，国民革命军第 1 军攻打的是北门和西门。战斗前夕，他们专门组织了敢死队。王尔琢又一次担任先锋任务，攻城前他把自己随身的东西收拾成一个小包袱，上面写好了自己家里的地址，万一回不来，请组织寄回自己的老家去。攻城开始了，王尔琢和其他敢死队队员冒着枪林弹雨连续攻城，终于夺取了阵地，打开了前进通道，为消灭军阀陈炯明，收复东江，巩固广东革命根据地立下了战功。

1926年3月20日，蒋介石制造了中山舰事件，捏造罪名、逮捕海军局代局长、共产党员李之龙，并以此为借口，在广州实行紧急戒严，监视并软禁大批共产党人，解除省港罢工委员会的工人纠察队武装。22日，国民党中央政治会议通过蒋介石提出的在黄埔军校和国民革命军第1军中排除共产党人的提案。王尔琢与蒋先云、陈赓一道，多次与蒋介石展开论战，利用各种舆论工具披露事件真相。因为王尔琢才华出众，蒋介石十分器重他的军事才干，有意拉拢他，劝他退出共产党加入国民党，并许诺他当团长。王尔琢冷冷地回答道：“校长不是也喊国际共产主义万岁嘛，我为什么不能信仰共产主义？”问得蒋介石哑口无言。

投身北伐

广东革命根据地得到统一后，中国共产党和共产国际帮助国民党改组军队，制定了北伐的军事计划。1926 年夏，国民革命军第 3 军 9 师经过扩充，改编为北伐军东路先遣军。中国共产党决定从黄埔军校中抽调一批优秀党员到该军开展工作。王尔琢被委任党代表，他带领 40 多名党员到了东路先遣军。

第 9 师师长李明扬是个同情共产党的无党派人士，王尔琢到了该师后与他关系处得十分融洽。为了把这支旧军队改造成真正的国民革命军，王尔琢同其他党员一道，通过李明扬团结进步力量，使党的统一战线工作在东路先遣军中开展得较为顺利，派去的党员均安置在各团、营、连担任党代表。王尔琢提出了部队的革命宗旨，颁布了革命纪律，并经常向部队讲述北伐战争的重要意义、目的，讲述官兵们的责任，强调部队各级党代表要身先士卒，带头执行各项纪律和规定。为了鼓舞队伍士气，他常常走在部队前面，沿途张贴标语，召开群众大会，发动工农群众支援北伐战争，由于他卓有成效的工作，当部队进入江西萍乡县境内时，守敌望风而逃，群众敲锣打鼓，端茶倒水，夹道相迎。当地百姓主动为革命军指引道路，运送伤员，积极支援部队作战。

9月，王尔琢所在的东路先遣军包围了南昌，经过3次进攻才攻克南昌城。特别是第二次进攻南昌，王尔琢率1个营摸黑来到南昌城外。为了搞清城内情况，他们抓到一个“舌头”，弄清了敌人口令。他立即带领部队攻城，与前来阻击的守敌展开激战。第二天拂晓，因敌我力量悬殊，情况危急，他命令该营营长率部突围，自己带少数人掩护。王尔琢抱起一挺机枪，站在民房上，猛烈地朝围堵之敌扫射。等战士们安全撤退后，他佯装中弹，身子一歪，从屋脊上滚下来。在敌人“打中了”的呼喊声中，他悄悄地从敌人的眼皮底下回到了部队。

东路先遣军在王尔琢、李明扬等人的带领下，不到半年就进军到浙江桐庐一带。在桐庐战役中，师长李明扬被炮弹打伤，送去后方养伤，由王尔琢代理指挥。激战中王尔琢的左手也负了伤，但他仍然坚持指挥，直到攻下桐庐，才让卫生员包扎伤口。攻克桐庐县城，为北伐军进军浙江开辟了通道。

1927年4月，蒋介石在发动反革命政变前夕，对近在咫尺的东路先遣军很不放心，对王尔琢的突出表现心如明镜。他深知王尔琢是一位不可多得的军事人才，便忍不住想再度拉拢他。他派两个亲信来到第9师的驻地找王尔琢，让他们转达自己的口信："总司令准备扩充40个军，要提升你为军长，不知你对此有何打算？"

听了这话，王尔琢冷笑着说："请你们二位转告总司令，给个军长太小了，最好给个军阀！"

两个说客瞠目结舌，便把原话传到蒋介石那里。蒋介石对王尔琢的态度大为恼怒，当即密令第9师师长李明扬将该师中的共产党员全部逮捕，就地枪决。

李明扬接到密令后十分惊讶，他与王尔琢相处日久，关系很好，对他的人品才华极为佩服。他没有执行命令，而是冒着风险，将蒋介石的密令拿给王尔琢看，并说："事已至此，看来你只有离开了，这样才能免遭不测。"王尔琢当机立断，安排该师所有共产党员迅速离开东路先遣军。

王尔琢离开东路先遣军后，来到上海，在中

共上海区委领导下从事工人运动。不久，党组织决定派王尔琢护送周恩来去武汉。刚刚撤离东路先遣军来到上海的王尔琢，手中没有路费，便通过徐彬如（新中国成立后曾任中国革命历史博物馆副馆长）向李明扬借了 500 块大洋，于 5 月下旬护送周恩来离开上海，几经周折，抵达武汉。到武汉后，王尔琢立即写信给那些已脱离东路先遣军的共产党员，要他们尽快来武汉集中。这些同志抵达武汉后，他又通过党组织，将他们安排在中央军事政治学校或武汉国民政府警卫团，保护了一大批党员骨干。

侠骨柔情

王尔琢从上海回到武汉后，同乡好友宋人杰告诉他："郑凤翠带着女儿桂芳历经千辛万苦来过武汉，在你们相约的小屋住了半个来月，因为不知你的音讯，在百般打听消息无果的情况下，凤翠极度失望地带着女儿回湖南老家去了。”王尔琢听后，这才想起年初约凤翠母女来武汉相会之事。

1927 年年初，王尔琢随北伐军到达武汉，这时革命形势一片大好，他托好友宋人杰在武汉黄土坡 21 号租了一间房子，并给郑凤翠写信，要她带着从未见面的小桂芳走出石门，到武汉来见见世面。后来因形势突变，蒋介石发动四一二反革命政变，到处屠杀共产党人和革命群众，到处白色恐怖笼罩，昔日战功显赫的北伐将领也成了被通缉的“中共要犯”。王尔琢来不及在武汉等待妻女的到来，只身潜往上海，随周恩来转入地下策划武装起义，错过了与她们母女见面的机会。

当王尔琢和宋人杰来到黄土坡 21 号，望着人走屋空的房间，想着 3 岁女儿粉嫩的笑脸、黑亮的眼珠，想着凤翠倚门望夫的身影和忧愁的面容，心中升起无限惆怅。王尔琢默默地凝视着窗外，在宋人杰提醒下，他才拆阅妻子临行前留给自己的信：

我和你的女儿小桂芳，于二月初二从家动身，在长沙住了三个月，直到二十八日，才好不容易来到武汉，来到你约我和桂芳会面的地方。不知你到哪里去了，没有见到你，小桂芳心里很难过……

读着妻子哀而不怨、情意绵绵的信，王尔琢热泪盈眶。但是，对敌人的愤怒，对革命的担忧，对战斗的渴望，取代了儿女情长。王尔琢后来给父亲写了一封信，信中这样写道：

凤翠母女此次来汉，未谋一面，深为憾事。儿何尝不想念着骨肉的团聚，儿何尝不眷恋着家庭的亲密，但上海、长沙烈士们殷红的血迹燃起了儿的满腔怒火，乱葬岗上孤儿寡母的哭声斩断了儿的万缕归思。为了让千千万万的母亲和孩子能过上好日子，为了让白发苍苍的老人皆可享乐天年，儿已决意以身许国！革命不成功，立誓不回家。凤翠娘家父母双亡，望大人善待儿媳，见凤翠如见儿一般……

谁能料到这竟是王尔琢写下的最后一封家书，

也是他给亲人留下的遗言和“托孤书”，充分表达了革命者在家庭与国家命运发生冲突的时候，宁可舍小家为大家的伟大情操。

王尔琢的妻子郑凤翠，1902 年 8 月 1 日出生在湖南省石门县一个富裕的农民家庭，两家是亲戚关系，从小他们就定下了“娃娃亲”。虽是父母之命，但他们青梅竹马，两小无猜，情趣相投，一起玩耍、习文识字和劳作。

出身封建门第的郑凤翠很小就裹了脚，由于父亲始终认为“女子无才便是德”，尽管家境殷实，却不让女儿跨入学校门槛。凤翠长到 16 岁时，石门县城创办了一所女子师范学校，她极想去读书。可凤翠的父亲不同意，不愿意让女儿抛头露面，所以一口回绝。王尔琢得知未婚妻求学受阻的消息后，专门去做岳母的工作。王尔琢说：“现在已经是中华民国了，提倡男女平等，男人能读书，女人也能读书。凤翠读的是女子师范，全是女生，没有男生。”岳母被王尔琢说服了，又做通岳父的工作，才答应让女儿去县城读书。读了 2 年简易师范，母亲因病去世，郑凤翠只得辍学待嫁闺中。

1923年10月8日（农历八月二十八），王尔琢与郑凤翠喜结良缘，拜堂成亲。他们的婚礼相当俭朴，只请了几桌双方的亲友。出嫁时，郑凤翠按照丈夫的意思，没有置办嫁妆，王尔琢也只给妻子缝了两套新衣服。这在当时的农村算是新事新办，带了个好头。婚后凤翠极尽妻子的温柔、贤惠，对丈夫生活上照顾得无微不至；而王尔琢也把外面的新事见闻说给妻子听，不断讲述革命道理。然而，这段恩爱甜蜜的夫妻生活只持续了短短几个月，王尔琢便离家别妻赴黄埔军校就读。此时，郑凤翠已怀有身孕，她依依不舍地将丈夫送到船码头，注视着客船向下游驶去，直到什么都看不见了，她还痴痴地望着。但谁也没有料到，这次分别竟成了他们夫妻的永诀。

王尔琢进入黄埔军校后，夫妻间经常书信来往，互诉思念。一次，王尔琢接到郑凤翠的来信，反复看了好几遍。他仿佛听到妻子在耳边羞涩私语："孩子不久就会出生了，你这个做父亲的，能回家看看吗？要不，你就给孩子取个名字吧！"

王尔琢离家时，妻子怀有身孕他是知道的，

想不到孩子这么快就要呱呱坠地，他就要做爸爸了，他抑制不住喜悦的心情，连夜给妻子写了一封回信：“接到来信，甚慰。奈训练紧张，不能抽身看你。生儿是你的靠，生女是你的伴，生儿取名摘祚，生女取名桂芳。日后有机会，当接你和未见面的孩子出来见见世面。”

写这封信时，王尔琢并未消除重男轻女的思想，同样也没有消除宗族观念，男孩的名字是按家族的排行来取的。1924 年 9 月 30 日，正是金秋飘香的季节，郑凤翠生下一个女儿，便按照丈夫的嘱咐，取名王桂芳。

王尔琢以他的热血和年轻的生命践行了自己的誓言。1928 年 8 月，王尔琢牺牲的消息传来，郑凤翠悲痛欲绝，她真想追随丈夫的英灵而去。但一想到王尔琢还有健在的高堂和年幼的骨肉，当即打消了轻生的念头。她擦干眼泪，下定决心挑起家庭生活的重担，为公爹养老送终，把女儿桂芳抚养成人。不幸的是，王桂芳于 1945 年秋因病去世，时年 21 岁。郑凤翠每天以泪洗面，后经人劝慰，过继叔侄子王葵祚为养子。郑凤翠待王葵祚如亲生，培养他念书，从小学到县城读中学。1950年王葵祚继承王尔琢的遗志，从学校报名，毅然参加了中国人民志愿军，在入朝作战中不幸壮烈牺牲。1988年夏天，86岁的郑凤翠老人去世。家人在清理她的遗物时，发现一个首饰盒里有60粒杏仁，那年恰逢王尔琢牺牲60周年。按照郑凤翠生前遗愿，她被安葬在安山青松岭下，坟墓正对着当年王尔琢离家参加革命时走过的那条大道，她是在迎接王尔琢的英灵归来……这些都是后话。

03 峥嵘建军岁月稠

参加南昌起义

1927年4月12日，正当全国革命形势向前发展的时候，以蒋介石为代表的国民党右派露出反共反人民的真面目，在上海发动反革命政变，密令“已克复的各省，一致实行清党”，并大肆屠杀共产党人和革命群众。继而，在南京另立代表大地主、大资产阶级利益的国民党中央和国民政府。

7月15日，以汪精卫为首的武汉国民党中央和国民政府也公开宣布“分共”，对共产党员和革命群众实行大逮捕、大屠杀。国共合作全面破裂，轰轰烈烈的大革命宣告失败，大批优秀中华儿女倒在了反革命的血雨腥风之中。

血腥教训使年轻的共产党人认识到军事的极端重要性。

为了反抗国民党反动派的屠杀政策，挽救中国革命，中共中央决定于7月下旬集合自己掌握和影响的部分国民革命军，联合以张发奎为总指挥的第二方面军南下广东，并会合当地革命力量，实行土地革命，恢复革命根据地，然后举行新的北伐。李立三、邓中夏、谭平山、恽代英、聂荣臻、叶挺等在九江具体组织这一行动，但发现张发奎同汪精卫勾结很紧，并在第二方面军中开始迫害共产党人。随即向中共中央建议，依靠自己掌握和影响的部队，“实行在南昌起义”。

中共中央指定周恩来、李立三、恽代英、彭湃等组成中共中央前敌委员会，以周恩来为书记，前往江西南昌领导这次起义。这时，王尔琢受党的派遣，赴江西九江的马回岭，担任国民革命军第4军25师74团参谋长，为参加南昌起义秘密做准备工作。

8月1日，在以周恩来为书记的中共中央前敌委员会领导下，贺龙、叶挺、朱德、刘伯承等率领党所掌握和影响下的军队 2 万多人在南昌举行起义，打响了武装反抗国民党反动派的第一枪，标志着中国共产党独立领导革命战争、创建人民军队和武装夺取政权的开端，开启了中国革命新纪元。

王尔琢所在的第 25 师 74 团驻扎在南（昌）浔（九江）线的马回岭车站以南。起义前，中共前敌委员会书记周恩来特派聂荣臻到九江，帮助第 25 师相机摆脱张发奎的控制，把部队拉出来参加南昌起义。第 25 师师长李汉魂是张发奎的亲信。该师辖第 73、第 74、第 75 团。第 73 团的前身是北伐军第 4 军（铁军）叶挺独立团扩编而成，战斗力很强，团长是共产党员周士第。第 75 团与师部驻扎在黄老门西南，行动不便，在第 1 营营长孙一中（共产党员）带领下，以野外演习的名义，把该团的 3 个营拉出来。王尔琢根据前敌委员会的指示，把第 74 团重机枪连（连长是共产党员）悄悄地拉出来。

起义的部署是：部队利用下午 1 时睡午觉的时间开始行动，以到野外演习的名义将部队拉出驻地。第 75 团 3 个营先走，王尔琢的第 74 团重机枪连紧跟第 75 团，第 73 团垫后，下午 6 时前全部到达德安车站附近集中。如果遇阻挠破坏起义者，坚决镇压；如遇追赶拦截之敌，坚决消灭。

行动前，王尔琢给重机枪连全体官兵每人发一条红布，让大家系在颈项上作为标志，以便分清敌我。他慷慨激昂地进行起义动员："同志们，我们为革命而战的时刻到了。蒋介石叛变了革命，在上海向革命群众举起了屠刀！汪精卫叛变了革命，在武汉向革命群众举起了屠刀！革命者不能俯首就擒，要起义！要战斗！"

8 月 1 日下午 1 时，聂荣臻和周士第、王尔琢等率起义各部队按计划向德安行进。行进途中，第二方面军总指挥张发奎和第 25 师师长李汉魂闻军中有变，亲自率卫队营乘火车从马回岭赶到德安车站以北，企图阻止起义，追回部队。张发奎站在车门口喊："你们干什么，我是张总指挥，我要你们停止下来！"他深知对第 73 团不敢指望了，他的目的是要把第 75 团挡回去。

在聂荣臻和周士第的指挥下，王尔琢带着机

枪连配合第73团1营，瞄准敌火车车厢猛烈射击，张发奎等人被吓破了胆，仓皇跳车，狼狈而逃。起义部队将张发奎的卫队营五六百人全部缴了械，经过做思想政治工作，一部分士兵和军官参加了起义部队。

8月2日拂晓，周士第、王尔琢等率起义部队官兵按预定计划开进南昌城，与起义军主力胜利会合。中共前委决定，将原第25师划归叶挺领导的第11军指挥，周士第任第25师师长，李硕勋任师党代表。参加起义的原第74团重机枪连与师部调来的一部分党员干部骨干合编为新的第74团，王尔琢任参谋长。

南昌起义爆发后，在敌人的重兵围攻下，起义军难以在南昌立足。根据中共中央的计划，起义军于8月3日开始撤离南昌，南下广州。周士第的第25师作为起义军的后卫，于8月6日离开南昌，经瑞金、会昌向广东进军。

8月下旬，起义军占领瑞金。这时，敌右路总指挥钱大钧部10个团集结于会昌一带，以会昌城为中心，在城东北地区、城西北之南山岭、城西之寨东一带构筑工事防守；桂军黄绍竑部 7 个团集结于白鹅墟附近，与会昌成掎角之势，企图堵截起义军。起义军前委决定，先进攻会昌之敌，由叶挺指挥的第 11 军 24、25 两个主力师担任主攻任务。

8 月 29 日，第 24 师到达会昌西北郊外。紧随其后的第 25 师尚未到达。原来是第 25 师部队夜间从瑞金附近出发，后来才发觉走上了到洛口的路，随即从洛口附近折转向会昌。由于走错了路，怕耽误时间，他们便日夜兼程。王尔琢的第 74 团随第 25 师担任后卫，当他们爬上一座大山后，听见会昌方向有激烈的枪炮声，队列中互相催促着："快走！快走！"

中午时分，第 25 师终于赶到了集结地域。师长周士第和党代表李硕勋迅速到指挥部受领任务。军长叶挺心急如焚，早盼着第 25 师能加入战斗，匆忙向各团交代任务："你们派第 75 团进攻寨东，要尽快将它打下来，解除后顾之忧。第 73 团向岚山岭北面一带进攻，支援第 24 师占领该山主峰。第 74 团接第 73 团左翼进攻，注意与北边的第

20 军第 3 师联系，配合行动，得手后由北面进攻会昌城。今天一定要占领会昌。”

接着，第 11 军党代表聂荣臻指示说：“这次战斗很重要，你们的任务很重。部队走得很疲劳了，要好好进行战斗动员，党员、团员要起模范作用，保证完成战斗任务，打下会昌。”

最后，周恩来坚定地说：“部队很疲劳，你们克服困难，一定要把会昌打下来。”

第 25 师各团接受任务后，顿时忘掉了饥饿和疲劳。官兵们斗志昂扬地直奔阵地，迅速展开行动。王尔琢向部队作了简要战前动员后，便率部向敌人发起进攻。敌人以密集的火力向进攻部队射击，一批批冲锋的官兵中弹倒下，但后续部队仍然冒着弹雨接连冲上去，一步步逼近敌人，他们以突然的行动夺取了一个山头，迅速抢占了有利阵地。

激战到下午 4 时，敌人渡河南逃。这时，第 25 师司令部的冲锋号响起。刹那间，各团、营、连的冲锋号顿时响彻了整个山冈，起义军发起最后的攻击，很快占领了会昌城。敌右路总指挥钱大钧及其残部，仓皇逃跑，连轿子也扔掉了，我军入城时看到他留下的茶杯里的水还是热的。此役，起义军杀伤大量敌人，俘虏 900 余人，缴获大批枪炮物资。

第二天拂晓，桂军黄绍竑部向会昌反扑，第 25 师所部奉命向城西北出击。王尔琢指挥该团，以当年铁军独立团攻打武昌的战斗精神，向敌人阵地反复冲杀，迫使敌人向洛口墟方向退却。

会昌战斗结束后，起义军折回瑞金，经汀州、上杭进入广东。王尔琢部随第 25 师担任后卫，掩护全军进军，并妥善安置了几百名伤员和大批武器运送，保证了这些伤员和武器安全、迅速地到达目的地。

激战三河坝

9 月 19 日，起义军南下至广东大埔县城，遭到敌军的围攻，受到了很大损失。为了改变不利局面，部队在三河坝进行分兵，由周恩来、贺龙、叶挺等率领主力部队顺汀江、韩江而下，向潮州、汕头进发。王尔琢所在的第25师主力拨归起义军第9军继续留在大埔县的三河坝地区，由朱德统一指挥，牵制敌人，掩护主力南下。

三河坝位于粤东梅江、汀江、韩江三水交汇处的大埔县境内，它的中心点叫汇城，北来的汀江和西面来的梅江在这里汇合，历来为兵家必争之地。

第25师等部一进入三河坝的汇城，部队及时贴出《安民告示》和各种宣传标语，一边宣传党的政策，一边做群众工作。朱德还亲自在汇城南门外大沙坝举行军民联欢会，揭露蒋介石、汪精卫叛变革命以及屠杀共产党员和革命群众的罪行，宣传南昌起义的性质及起义部队的纪律。王尔琢也非常注意部队的纪律，他每逢部队集合总要宣读起义军的布告，让官兵们牢记于心：

照得本部各军，富于革命精神。

此次南昌起义，原为救国救民。

转战千里来粤，只求主义实行。

对于民众团体，保护十分严谨。

对于商界同胞，买卖尤属公平。

士兵如有骚扰，准其捆送来营。

本军纪律森严，重惩决不姑徇。

务望各安生业，特此郑重声明。

念完告示后，他又进行解释，特别强调不能扰民、买卖要公平、不能强买强卖、买东西一定要给钱，这是我们军队的宗旨，望务必遵守执行。

进驻三河坝后，朱德和第25师师长周士第、党代表李硕勋察看了素有“得此控闽赣，失此失潮汕”之称的三河坝地形，发现部队驻地汇城位于韩江之西，敌进犯时，地形于我不利。为了抢占有利地势，避免背水而战，第25师第73、第74团先行东渡韩江，在东文部、笔枝尾山、龙虎坑、莲塘一带布防，挖掘战壕、构筑工事，以迎击西岸来犯之敌。第74团驻在汀江东岸的东文部。

10月1日下午，钱大钧部近2万人气势汹汹地向起义军驻地三河坝扑来。敌人在韩江、汀江西岸向东岸的我军阵地进行火力侦察。韩江、汀江成为这场战斗的天然封锁线。起义军坚守阵地，顽强抵抗，一次又一次地粉碎了敌人强行渡河的企图，打沉了许多装载敌人的渡船。有的船上敌人被打死了，无人掌舵，在河里团团打转；有的船上敌人受伤落水，活活淹死。2 日，数路敌军从几个方向同时发动强渡，被击退后，他们又调集大量机枪和迫击炮，组织火力掩护渡船，继续发动猛烈攻击，起义军一面射击敌船，一面反击已经登岸的敌军，与敌人展开激烈、艰苦的争夺战。

王尔琢指挥的第 74 团与隔着汀江的敌第 20 师王文翰部对峙。他们利用防御工事，组织机枪、步枪、手榴弹等密集火力，给第 20 师一次又一次的阻击，在相当程度上支援了第 75 团主阵地。

战斗中，当地农民与官兵并肩战斗，共同杀敌；有的农民还燃放鞭炮，帮助迷惑敌人；有的农民不顾生命危险，冒着敌人的炮火往阵地上送水送饭，抬送伤员，掩埋牺牲同志的遗体。激战至 3 日下午，敌人借助援兵黄绍竑部在江面浓雾和密集炮火掩护下渡过了韩江，占领了起义军阵地南部的制高点和北部的阵地，第 75 团战斗告急。王尔琢及时派出一部分兵力向第 75 团增援，使第 75 团再次夺回主阵地。

战斗到 3 日晚上，由于敌众我寡，东文部、笔枝尾山阵地均被敌人占领，起义军已处于三面包围之中。王尔琢奉朱德、周士第、李硕勋之命，率部撤离战场。该团先头部队渡过梅江河，进入河腰地段时，又与敌第 18 师进行了一场激战。

激战到半夜时分，战士们的子弹已经不多了。为了解决这个难题，王尔琢提出了“以战养战”的办法。只见他利用夜幕，带着团部警卫排悄悄地来到河滩敌人尸首堆里，悄无声息地摸来大批子弹、手榴弹和一挺重机枪。次日拂晓，当敌人再次如潮水般向阵地扑来时，王尔琢亲自架起摸来的那挺重机枪，射出雨点般的子弹，打得敌人鬼哭狼嚎，慌忙逃窜。

就这样，王尔琢在枪弹缺少的情况下，指挥部队阻击数倍于己的敌人，胜利完成了掩护部队安全撤离的任务。

“美髯公”参谋长

10 月 4 日，从三河坝撤出后，朱德原计划带着部队沿闽粤边境南下，到汕头同大部队会合。刚到饶平县茂芝，就遇到了从潮州撤出来的一部分部队，不久又接到主力在汤坑一线与敌激战后失败的消息。无奈之下，朱德将伤病员交当地党组织分散隐藏安置，迅即率余下的 2000 多人的起义部队向西北方向转移，经大埔、蕉岭、峰市，到达福建的武平，然后越过闽赣边境，进入江西的信丰。

转战中，沿途遭到反动军队和地主武装的围追堵截，同时由于终日行军打仗，物资给养得不到补充，时令已经深秋，官兵还穿着起义时的那件单衣，而且早已破烂不堪。野外宿营，夜凉露寒，一夜要冻醒好几回，被体温烤干的衣服，早晨又被露水打湿了。肚子吃不饱，患病的战士一天比一天多，缺医少药，得不到及时救治。严峻的考验摆在面前。本来这支部队就是由几个方面力量汇集起来的，建制混乱，思想也较混乱，意志薄弱的人遇到困难，三三两两溜掉了；品质恶劣的人乘机起哄，公开抢劫起来了；投机革命的人露出了真面目，把部队整个班、整个排、整个连拉走了。有的师团长和部分营长也相继不告而别。部队领导除朱德外，团级干部只剩下王尔琢和陈毅，部队人数也逐渐减少了许多。

为了保存这支起义部队，王尔琢不仅协助朱德指挥作战，还不停地鼓励士气，进行政治教育，以稳定军心。每次行军，他都和战士们走在一起，或搀扶伤病员，或帮助战士背背包、扛枪，边走边讲革命道理，有时他还唱起京戏和家乡小调。有一天行军歇息时，王尔琢放开嗓门用石门小调唱起了当地流传的《长工歌》：

正月里来正月中，
大户人家请长工。
收拾包裹和雨伞，
辞别妻儿去上工。

二月里来二月中，
肩背锄头到山中。
这头锄到那头转，
腰也疼来手也酸。
……
老少长工心里明，
财主面善蛇蝎心。
拿起枪杆闹革命，
平均地权把田分。

唱过歌后，王尔琢进一步启发大家：“为什么地主老财花天酒地不劳而获？为什么贫苦工农一年劳动到头还没有吃穿？因为反动派手里有枪杆子，我们也要拿起枪杆子闹革命！”到了宿营地，他主动找干部战士谈话，做思想教育工作，以增强大家克服困难的勇气和决心。

1927 年 10 月中旬，部队到达安远县天心圩时还剩 1500 余人，王尔琢和陈毅挺身而出，以大无畏的革命精神与朱德战斗在一起，共同帮助朱德整顿队伍。

在整顿后的第一次全体军人大会上，朱德、陈毅、王尔琢都讲了话。

朱德以坚定的革命意志，以革命乐观主义的精神面对困难。他告诉大家，失败是暂时的，革命的前途是光明的，是一定能成功的。1927 年的中国革命，好比 1905 年的俄国革命。俄国在 1905 年革命失败后是黑暗的，但黑暗是暂时的，到了 1917 年，革命终于成功了。中国革命现在失败了，现在也是黑暗的，但是黑暗同样遮不住光明，只要能保存实力，革命就有办法。他还宣布："愿意继续革命的跟我走，不愿意的可以回家，不勉强。"

陈毅也诚恳地开导大家说："我们大家要经得起失败局面的考验，在胜利发展的情况下，做英雄是容易的，在失败退却的局面下，做英雄就困难得多了。只有经过失败考验的英雄，才是真正的英雄。"

王尔琢最后也发了言，他说："我们要认清形势，坚定革命必胜的信心。现在我们的人员虽然减少了，但更精干了，战斗力更强了。我们大家应该相信，革命一定能够成功的。同志们，黑暗必将过去，光明定会到来。”

经过整顿，部队中的悲观失望、消极低沉的情绪开始消散了，谈笑声、欢唱声又回到部队中间。

10 月底，粤桂战争爆发，敌军忙于内部混乱，起义部队千里转战到湘粤赣三省交界的大庾（今大余）、崇义一带休整。利用这一时机，部队在大庾进行了整编。重点是加强党对军队的领导，撤销了虚有其名的军、师建制，将剩下的八九百人编成 1 个团，取用“国民革命军第 5 纵队”的番号，朱德任司令，陈毅任政治指导员，王尔琢任参谋长。下辖 4 个支队（路）：第 73、第 74、第 75 团保存人员分别编成第 1、第 3、第 4 支队，原第 9 军少数人员及潮汕撤出人员编成第 2 支队。11 月初，第 1、第 4 支队在赴湘南桂东途中被敌冲散，部队再次缩编为 7 个步兵连和 1 个机枪连、1 个迫击炮连，共 800 余人。在建制改编的同时，进一步加强了党对部队的领导，整顿部队的党团组织，重新登记党团员，并吸收了一些新党员，成立党支部，把一部分党团员分配到连队中去，加强党在基层的工作。

11 月上旬部队整编后，离开大庾县境，来到崇义县西南的上堡、文英、古亭地区。这里在大革命时期，农民运动高涨，革命影响较深，群众基础较好，又是一片连绵不断的山区，便在此开展游击战争。

为了解决吃饭问题，王尔琢没少费脑筋。当时上堡地区的农民生活在水深火热之中，他们不仅遭受土匪的袭扰，还要忍受土豪的无情压榨，农民的反抗情绪比较高涨。了解到实情后，王尔琢思忖着，何不借用这现成力量，将农民组织起来闹革命，发动大家打土豪分财物，消灭土匪势力，保证革命胜利。

王尔琢把想法汇报给朱德，竟与朱德一拍即合。朱德果断下令，采纳王尔琢建议，发动农民闹革命，组织群众打土豪，分粮分财物。在农民的协助下，起义部队首先打跑了作恶多端的土匪何其朗部，收缴了地主的武装，控制了这个山区。同时整顿了原来的关卡，收了点税，解决部队的给养。部队除了出操、上课进行政治和军事训练外，以连、排为单位分散活动，帮助农民进行生产劳动；向群众宣讲共产党是为穷人谋利益的、是为穷人打天下的道理，农民对起义军更加信任了。

由于这段时间，王尔琢终日繁忙，一连几个月顾不上理发、刮须，他的长发早已过了双耳，密匝匝的络腮胡子两寸来长。谁也看不出他是一个年仅 24 岁的青年。有一次，陈毅对他开玩笑说：看你满脸胡须，简直像马克思了。王尔琢笑着答道："革命不成功，我不剃头、不刮胡子。"陈毅听后，伸手扯了扯他的长须说："那准能成为美髯公。"周围的人听了都哈哈大笑起来。这表明了他坚定的革命决心。从此，王尔琢有了个"美髯公"的绰号。

1927 年 12 月 11 日，广州起义爆发后，中共广东省委要求朱德部南下参加广州起义。得到命令后，朱德、陈毅领兵星夜兼程地朝广州奔去，当部队抵达离韶关 30 公里的犁铺头时，一个坏消息传来，广州起义已经失利。在此情况下，朱德和陈毅、王尔琢等领导人决定，部队就地驻扎下来，一

边宣传发动群众，一边打土豪。

当时驻扎在附近的是滇军范石生的第16军。为了保存实力谋求发展，朱德同陈毅、王尔琢等人反复商议，决定利用他与范石生的旧关系，搞好统一战线，把部队暂时挂靠在范石生的旗号下。范石生同朱德在云南讲武堂是同班同学，他与蒋系、桂系军阀都有矛盾，尤其是受到蒋系军阀的排挤。现在可以考虑与范石生进行短暂的“合作”。于是，朱德写信给范石生，派人前去韶关谈判。关于谈判的条件，王尔琢向朱德建议并强调必须是受编不受调，坚持独立，来去自由。范石生同意朱德部队使用国民党第16军47师140团的番号，朱德化名王楷，任第16军总参议、第47师副师长兼140团团长，王尔琢任该团参谋长，陈毅任政治指导员。起义部队从范石生那里获得了一批现洋和军用物资，补充了部队，解决了当时弹药、冬衣、被服等供给困难。利用这个机会，朱德决定对第5纵队进行一次系统整训，由王尔琢具体负责。王尔琢将所有的连排长集中起来，组成教导队集训。训练中，王尔琢每天都到现场进行指导，严格要求，严格训练，还把朱德口授的课程整理油印成《步兵操典》和《阵中勤务》等教材，让这些连排干部带着编印的教材回到部队开展训练。通过这次整训，极大提高了部队的战斗力。

有一天，两个哨兵押着一个人走进指挥部，一进门那个家伙就向王尔琢点头哈腰，说自己是“曲江县清水塘地方挨户团的头”，因为挨户团和土匪胡凤璋的部队300多人联合包围了当地农民协会和赤卫队，攻了3个昼夜，也没有攻下来，特来请正规军支援。王尔琢决定将计就计，打着国民党军队的旗号，消灭国民党的别动队——挨户团和土匪，替农民协会和赤卫队解围。经朱德同意，王尔琢带领部队奔赴曲江县清水塘时，挨户团、土匪围攻赤卫队的战斗还在进行，王尔琢命令号兵吹起冲锋号，向挨户团和土匪猛烈开火。“哎呀呀，莫打了！怎么自己人打起自己人来啦。”挨户团的头头扯着长脖子大声喊。王尔琢举起驳壳枪，接连三枪，将他击毙。挨户团和土匪腹背受敌，死伤过半，迅速土崩瓦解。

起义部队利用国民党军的掩护得到了休整，

但好景不长。12月下旬，范石生部教导团团长丁煦向蒋介石告密，说犁铺头有南昌起义的余部。蒋介石密令范石生就地予以消灭。范石生秘密地通知了朱德，朱德、陈毅、王尔琢立即召开会议，讨论部队的去向。王尔琢建议迅速撤向广东仁化方向，再趁机进入敌人力量比较薄弱的乳源县北部与湖南宜章县边境。朱德采纳了这一善策，率部队立即连夜出发，从乐昌以南十几里的一个地方西渡武水，向湖南仁化疾进，一举攻破该县县城。紧接着，准备攻打宜章。

智取宜章城

宜章，位于湖南南部，背倚三湘四水，古称“楚粤之孔道”。湘南是第一次国内革命战争时期农民运动蓬勃发展的地区，蒋介石叛变革命后，白色恐怖笼罩着湘南。但是湘南地区的党和人民顽强地坚持秘密斗争。当1927年冬爆发军阀混战时，他们趁机恢复了各地党和革命群众组织，建立了赤卫队。南昌起义、秋收起义、广州起义，特别是毛泽东率领秋收起义部队上井冈山的消息传来，给湘南地区的党和人民以极大的鼓舞，革命积极性更加高涨。

1928 年 1 月初，部队进入宜章县境。中共湘南特委和宜章县委派胡世俭、胡少海与朱德取得联系，决定在湘南举行暴动，共商攻打宜章城的行动计划。

朱德问王尔琢：“宜章这一仗怎么打？”

王尔琢问胡世俭、胡少海：“你们两个在宜章，暴露过身份没有？”

胡世俭说：“我已经暴露，少海还没有。宜章城里的反动人物，只知道他是豪绅少爷，并不清楚他的红底。”

王尔琢兴奋地说：“这样，我们就可以来个智取宜章！还望少海兄鼎力相助呢。”

原来胡少海出生于宜章城里一个有权势的大地主家庭，本人是个知识分子，对现状不满，离开了地主家庭，参加了革命队伍，但未暴露身份。

1月11日上午，胡少海声称是国民革命军第16军47师140团副团长，奉命来宜章驻防，便在百十名军人的簇拥下，骑马进入宜章城。县长杨孝斌正为共产党游击队活动频繁，城防空虚发愁。听说胡家少爷在国民革命军当了团长，还带着部队来宜章驻防，于是组织了盛大的欢迎仪式。

胡少海在欢迎仪式上说："本团奉范（石生）军座之命移防宜章，共谋防共大事，保护乡亲，晚生先行入城，王团长率全团主力即于明日赶到……"

杨县长听说还有大部队到来，表示一定隆重欢迎"王团长"，设宴"接风洗尘"。傍晚，朱德、陈毅、王尔琢率大部队来到宜章城郊的五里冲宿营。次日上午，在杨县长和众乡绅士的恭候下，朱德、陈毅、王尔琢等骑着高头大马，大摇大摆地开进了宜章县城。

下午3点，杨县长在县参议局二楼大摆筵席，为"王团长""胡团长"和他的同僚洗尘。朱德、王尔琢、胡少海领着十几名干练的卫士如期"赴宴"。酒过三巡，朱德欠身举起酒杯。起义军官兵看到这个事先确定的暗号，立即举枪对准了县长和挨户团团总等。

朱德厉声宣布："你们被捕了！我们是共产党领导的队伍！你们这些贪官污吏、土豪劣绅，鱼肉百姓，屠杀工农，罪大恶极，统统押起来，听候公审！"

宜章反动头目先是面面相觑，之后如梦方醒，但为时已晚，就这样稀里糊涂地当了俘虏。接着，王尔琢率队包围养正书院，解除县团防局的武装；砸开监狱，解救被关押的共产党员和革命群众；打开地主豪绅的粮仓和库房，向城市贫民和贫苦农民分发粮食、财物。在全城军民一片欢腾声中，伪县政府门前的国民党青天白日旗被扯下来，工农革命的红旗高高升起。

第二天，朱德宣布起义军取消第 5 纵队番号，改编为工农革命军第 1 师，朱德任师长，陈毅任党代表，王尔琢任参谋长。部队正式打出"工农革命军第一师"的红色军旗，全体指战员纷纷撕掉军帽上的国民党帽徽，每个人的脖子上系上了红带子。智取宜章县城，点燃了宜章年关暴动的烈火，揭开了湘南起义的序幕。

宜章年关暴动的枪声，使国民党反动派惊恐万状，蒋介石急令独立第3师师长许克祥“即日进剿，不得有误”。许克祥受命后立即带领全师人马，从广东韶关马不停蹄直奔宜章，妄图扑灭湘南暴动刚刚燃起的革命烈火。朱德命令王尔琢率部队秘密撤出宜章县城，隐蔽在乡间，与当地农民配合，经坪石一战击溃了许克祥，创造了以少胜多的光辉战例。随后部队重占宜章，许多青年农民踊跃参加革命军，组建了宜章农军，成立了宜章县苏维埃政府。工会、农会、妇女会、学生会、儿童团等群众组织也先后成立，提出了“打土豪、分田地”的口号，初期的红色政权已经有了一定的规模，宜章县的革命进入了高潮。

为了支援各地的农民暴动，应中共湘南特委和各县县委要求，工农革命军第1师在朱德、陈毅、王尔琢率领下，挥师北上，攻占湘南重镇郴州。随后，部队又分路行动，先后打下了耒阳、资兴、永兴等县城，发动农民建立革命政权和地方武装。为了配合暴动，政工人员还创作了《暴动歌》，在部队中教唱：

我们大家来暴动，
消灭恶地主，
农村大革命，
杀土豪，斩劣绅，
一个不留情。
建立苏维埃，
工农来专政，
实行共产制，
无产阶级世界革命最后得成功。

这支歌曲从部队传到农村，很快唱遍了湘南各县。为了配合暴动，大家还制作了许多标语口号，每条都有“暴动”两字：“暴动！杀尽土豪劣绅！”“暴动！分尽土豪劣绅田地给农民！”……这些口号极大调动了农民参与暴动的积极性。尤其是分得土地的农民，积极要求参加朱德的队伍。短短1个月时间，工农革命军由1000多人很快发展到近万人。

痛打许克祥

宜章年关暴动的胜利，震撼了湘南和粤北的反动统治。蒋介石慌了手脚，急忙派许克祥攻打宜章，消灭革命力量。王尔琢听说许克祥来了，高兴地说："来的好哇！他在'马日事变'时杀了我们多少人啊，我早就想找许克样算账啦！"

提起许克祥这个在"马日事变"中双手沾满湖南人民鲜血的刽子手，广大军民无不切齿痛恨，义愤填膺。现在他又来了，真是仇人相见，分外眼红。面对着占优势的敌军，用什么样的战法来打它呢？王尔琢和朱德、陈毅商讨对策，决定避敌锐气，诱敌深入，相机歼敌。于是，朱德、陈毅、王尔琢指挥工农革命军第 1 师和宜章农军，决然撤出宜章县城，隐蔽集结在宜章城西南的黄沙堡、笆篱堡、圣公坛一带山里。

许克祥带领 5 个团的人马，从广东韶关直扑宜章而来。一点没看见革命军的影子，就占领了宜章城。然后，他把2个主力团部署在岩泉墟和坪石镇一带，摆开一条长30多公里的长蛇阵，寻找革命军决战。等了好几天，不见工农革命军的动静，以为革命军被吓跑了。在许克祥得意忘形的时候，一路工农革命军由熟悉地形的胡少海率领，抄小路，翻山越岭，到达敌人的背后；另一路由朱德率领，从圣公坛的百岁亭，对许克祥部队发起正面进攻。敌兵正在这里一堆、那里一伙吃早饭，突然，军号声、呐喊声、枪炮声响成一片，工农革命军从四面八方杀了过来。敌人慌作一团，不知所措。

王尔琢冲在队伍前面，高喊:“同志们，上刺刀！”敌人一见寒光闪闪的刺刀，吓得狼狈逃命，逃到栗源，被乐水河挡住去路，刚刚搭好浮桥，革命军主力便追了上来。桥窄人多，敌兵纷纷落水，革命军的机枪、步枪、手榴弹大显神通，附近的农民也拿着锄头、木棍前来助战。经过2个多小时的激战，全歼许克祥2个主力团，另外2个团慌忙逃窜。革命军乘胜追击，一直追到许克祥的司令部所在地坪石镇。这时敌军已成惊弓之鸟，争相逃命，工农革命军很快将敌人 5 个团全部打垮。许克祥连摆在桌子上的饭菜都未来得及吃，就扔掉轿子，丢掉皮大衣，带少数马弁逃脱了。坪石镇到处是敌军丢弃的武器弹药和军需品。打垮许克祥后，工农革命军又重新占领了宜章县城。

这次战斗，共缴获敌山炮 1 门，许多迫击炮，大批的步枪、机枪，子弹 200 多担，创造了以少胜多的光辉战例。在坪石围歼战祝捷会上，王尔琢高兴地说："许克祥往日屠杀湖南人民，是何等的猖狂，今天成了我们的手下败将，送来这么多枪支弹药。我们不要叫他许克祥了，应该叫他许送枪。"

紧接着，朱德、王尔琢率工农革命军向湘南重镇郴州挺进。何键派 1 个团南下阻拦，在军岭一带构筑工事、摆开战场。工农革命军在白石渡一带宿营，经过对敌情的侦察，决定由朱德、陈毅率领主力部队从左侧抄袭敌后，王尔琢带 1 个连和后方营从正面进攻，吸引敌人的火力。第二天，王尔琢开始佯攻，红旗在敌人阵地前招展，军号声、机枪声、冲杀声此起彼伏。敌团长求功心切，命令全团出击。突然，敌后方响起了枪炮声和喊杀声，朱德、陈毅从敌人背后杀过来了。在铜坑湖一带，将何键派来的部队全部消灭，工农革命军浩浩荡荡地开进了郴州城。

化装入敌巢

1928 年 2 月，白崇禧指挥 2 个师的兵力从衡阳压向湘南。朱德根据敌强我弱的情况，主动撤出了耒阳。

3 月 2 日夜间，部队路过小水铺，遭到当地团防局局长谭芝生的突然袭击，伤亡了几名同志。朱德与王尔琢商量，决定拔掉这颗钉子。朱德心想，如果从正面进攻，可能会伤害那些被胁迫当团丁的群众，最好的办法就是打入敌巢，伺机干掉谭芝生，这伙地主武装也就解散了。

王尔琢主动请缨："让我去吧，谭芝生不认识我，我可以随机应变。根据可靠情报，谭芝生有个儿子叫谭斗才，在白崇禧部当连长。前两天谭芝生派亲信安跛子去衡阳联系，愿意为国军效劳。我装扮成他的团长，带一个精干小分队，说是犒赏他们去的，定可成功。”

朱德反复考虑，决定将计就计，同意了王尔琢的请求。

王尔琢经过周密安排，乔装打扮成白崇禧的团长，带领一小队“国军”，后面跟着一辆装有木箱的马车，气派十足地沿着大道向小水铺进发。

这时，谭芝生派往衡阳给儿子送信的 2 个团丁在路上遇到这队威风凛凛的“国军”，便主动走到王尔琢面前，问长官从哪里来。当听说从衡阳来，又问认不认识谭斗才连长。王尔琢告诉他们：谭连长就在我们团，现在外出执行任务，他这次来正是受白长官派遣，前去小水铺犒赏谭团总的。2 个团丁一听，1 个急忙去向谭芝生报信，1 个给王尔琢带队。

谭芝生听说白长官派王团长前来犒赏，真是受宠若惊，喜出望外，同时也心存戒心，暗地里作了布置，以防不测。

王尔琢早有察觉，仍装作若无其事的样子。他吩咐："把白长官的赏赐抬上来。"

6名士兵抬来3个大木箱，打开一看，1箱是乌黑发亮的崭新步枪，2箱是黄澄澄的子弹。当谭芝生提到上次派安跛子到贵团联系的那件货时，王尔琢又让士兵抬进1个木箱，打开一看，正是谭芝生要的机枪。谭芝生眉飞色舞，连忙吩咐摆宴为王团长洗尘。

王尔琢来到团防局时，一边与谭芝生海阔天空地交谈，一边四下观察动静，才知道谭芝生的兵不在团防局，而是由安跛子带领，驻扎在三公庙。只有到三公庙才能端掉谭芝生的老窝。

当听到谭芝生吩咐摆宴时，王尔琢便说："团总，何不到三公庙去摆宴，也好犒赏一下那些有功的士兵？"

谭芝生求之不得，早就想让安跛子辨认一下这位"团长"的真假，便答应到三公庙摆宴。

到了三公庙，安跛子看到眼前的王团长样貌有些变化，便问王尔琢的部下，得到的回答是："这是我们的团副。"安跛子信以为真，以为来的是上次没有见过面的团副，又听说他送来这么多枪支弹药，还有他上次联系的机枪，高兴得不亦乐乎，又是给王尔琢递烟，又是敬茶，谭芝生心中的疑团顿时全部消除，赶快邀请王尔琢一行入席。

三公庙内猜拳行令，碰杯干酒，喊叫一片，非常热闹。酒过三巡，王尔琢见谭芝生、安跛子都有了醉意，脸一沉，把酒杯往地上一摔，发出动手的信号。顿时，在场的革命军战士一齐动手，缴了所有团丁的枪。安跛子发现上当，去拔身上的手枪，一个革命军战士飞起一脚，手枪掉到地上。王尔琢手起枪响，谭芝生、安跛子应声倒地。团丁们本来是附近的穷苦农民，纷纷举起手中枪投降了。这次智勇双全的出击，使这支危害革命的反动武装被彻底消灭。

设伏敖山庙

工农革命军陆续攻占了永兴、耒阳、资兴等

县城，建立了工农兵政府，使革命浪潮席卷了湘南大地。

1928 年 3 月下旬，由于蒋介石调集湘粤重兵从南北夹击湘南，朱德、陈毅、王尔琢三人商议，不宜与强敌硬拼，决定撤出湘南，分两路向井冈山转移，准备同毛泽东领导的湘赣边界秋收起义部队会合。

工农革命军在转移途中，必经耒阳县敖山庙。因此，敖山庙区党委为了协助革命军转移，在庙里设了招待所。这时国民党第 19 军的李宜萱团奉命率部向敖山庙扑来，妄图阻击向井冈山转移的革命军。

王尔琢奉朱德之命，带领一支精干的部队，抄小路日夜兼程，比敌军提前一天到达敖山庙地区。他和区委负责人登上最高峰俯瞰敖山庙地形，发现这个敖山庙像个鼓肚儿的瓶子，一座小桥犹如瓶颈。王尔琢想出了一个“鼓肚瓶子计”，区委负责人同意。当天晚上，王尔琢要战士们把所有干粮倒进庙里的箩筐，并放上两大块猪肉作诱饵，然后命令部队迅速离开庙里上山埋伏起来，居高临下，注视敖山庙周围的动静。

第二天早上，王尔琢终于看到李宜萱那个团的敌兵。由于星夜兼程，国民党军队疲惫不堪，早就饿得饥肠辘辘、眼冒金星了。当他们进了敖山庙，发现庙里存放着许多大米，还有两大块猪肉，一个个心花怒放，哪里还顾有什么埋伏，全部放松警惕，一股脑儿拥进庙里，高兴地做起饭来。不一会儿饭菜飘香，附近的敌人闻到香味纷纷挤过小桥，进入敖山庙吃饭。

眼看所有敌军都拥进早已设定好的“鼓肚瓶”里，王尔琢知道时机成熟了。他立即命令埋伏在小桥附近的工农革命军的机枪班，迅速奔向桥头，抢占有利地形，扼住“瓶颈”。随着王尔琢一声令下，顷刻间，号声嘹亮，杀声震天。当李宜萱和他的军队正毫不知情地享受早餐时，革命军直接把这些钻进“鼓肚瓶”里的敌人来了个瓮中捉鳖，全歼敌人一个团。

敖山庙的胜利，极大地鼓舞了工农革命军的斗志，他们带着胜利的喜悦即将奔赴井冈山。南昌起义的火种，经过曲折的道路，汇进了中国革命的摇篮。

04 井冈山上骁勇将

会师井冈山

井冈山，地处湘东、赣西边界，位于罗霄山脉中段，方圆550里，周围有7个县，15个市镇，是中国革命的摇篮。

1927年10月，毛泽东率领湘赣边界秋收起义部队到达井冈山，开始了“工农武装割据”。1928年2月，新城战斗胜利后，以宁冈为中心的井冈山革命根据地初步形成。这时，毛泽东派何长工到湘南、粤北去寻找朱德所率的南昌起义军余部。

1928年3月下旬，毛泽东在酃县中村得知朱德、陈毅、王尔琢率领的工农革命军正向井冈山方向转移。当即决定兵分两路去迎接朱德、陈毅部上山，一路由他和何挺颖、张子清率领工农革命军第1师1团，从江西宁冈的砻市出发，到达湘南的桂东、汝城之间；另一路由何长工、袁文才、王佐率领第2团从井冈山大井出发，向资兴、郴州方向前进。

毛泽东还派毛泽覃带着1个特务连同朱德、陈毅领导的部队取得联系。在毛泽覃的接应下，朱德、陈毅、王尔琢率领南昌起义余部改编的工农革命军第1师主力经安仁、茶陵到达酃县的沔渡。陈毅率领湘南特委机关、各县县委机关和工农革命军第1师部分主力于4月8日到达资兴县城，同从井冈山下来的由何长工、袁文才、王佐率领的第2团会合。

毛泽东等率工农革命军第1师1团在桂东、汝城牵制敌军，掩护湘南起义军转移，于4月中旬到达资兴县龙溪洞，同萧克领导的宜章独立营会合。这是第一支同毛泽东率领的部队会合的湘南起义军。同时，陈毅带着工农革命军第1师部分主力和郴州工农革命军第7师以及何长工、袁文才、王佐率领的第2团一起到达酃县的沔渡，与朱德率领的主力部队会合。4月下旬，毛泽东率第1团回来了；朱德、陈毅率领的主力部队，从沔渡出发到达了井冈山下的宁冈砻市。

“千流归大海，奔腾涌巨澜。”朱德、陈毅率领南昌起义保存下来的部队，经过曲折迂回的道路，冲破无数艰难险阻，宛如一股汹涌澎湃的激流，穿过逶迤缭绕的深山峡谷，汇入奔腾咆哮的大海，终于在1928年4月24日前后与毛泽东领导的秋收起义部队，在中国革命的摇篮——井冈山，胜利会师了。

群山环抱的砻市，在初夏的阳光沐浴下，显得格外秀丽。清澈的龙江穿市而过，江畔屹立着一座古老而雄伟的建筑——龙江书院，毛泽东和朱德、陈毅在这里进行了历史性的会见。从此，毛泽东和朱德的名字便紧紧地联系在一起。接着，根据湘南特委决定，将两支部队合编为工农革命军第4军（6月4日，根据中共中央指示，改称为工农红军第4军），朱德任军长，毛泽东任党代表，陈毅为政治部主任，王尔琢为军参谋长兼第28团团长。

5月4日，在山明水秀的砻市南边大草坪（现

龍江書院

在的建军广场）上，举行了庆祝两军会师大会。大会盛况空前，用门板和竹竿搭起来的主席台，被无数的红旗簇拥着。主席台两旁插满写着“庆祝两支革命部队胜利会师”“打倒国民党反动派”等标语板。上午 10 点，由党、政、军、工、农各界组成的主席团走上主席台。会议由陈毅主持，正式宣布成立工农革命军第 4 军，朱德任军长，毛泽东任党代表，王尔琢任参谋长，全军万余人，枪 2000 余支。接着，由朱德讲话。他说，这次胜利会师，我们的力量扩大了，又有井冈山作为根据地，我们就可以不断地打击敌人，不断地发展革命。他的话刚结束，就响起了热烈的掌声。紧接着，毛泽东讲话，他指出了这次两军会师的历史意义，同时分析了工农革命的光明前途，并代表第 4 军军委宣布“三大任务”和“三大纪律、六项注意”。他说，我们不光要打仗，还要会发动群众，组织群众。现在我们虽然数量上、装备上不如敌人，但是我们有马列主义，有群众的支持，不怕打不败敌人。毛泽东的这番话，把大家说得信心倍增，全场响起暴风雨般的掌声和欢呼声。最后，王尔琢讲了关于如何做好军民关系的问题，各方面的代表都相继讲了话。部队和民众挤满了会场，大家的革命热情达到了高潮。

井冈山胜利会师，使由中国共产党领导的两支具有北伐战争传统和战斗力很强的部队聚集在一起，不仅大大增强了井冈山革命根据地的军事力量，而且对红军的创建和发展以及井冈山地区的武装割据都有重大意义。两支队伍编成中国工农红军第 4 军后，实力增强，声威大震，后来形成一支强大的革命武装力量。历史证明，没有井冈山会师，就没有人民革命武装的汇聚、融合、发展和壮大，就没有从星星之火到可以燎原之大势。“朱毛红军”的胜利会师，使中国革命开始进入工农武装割据的新阶段。

大战五斗江

井冈山的胜利会师，让国民党蒋介石无法容

忍，决定集中一切力量，妄图把刚刚诞生的中国工农革命军扼杀在摇篮里。

1928 年 4 月下旬，蒋介石急令湘赣两省的国民党军队联合“会剿”井冈山，委任赣军第 27 师师长杨如轩为前敌总指挥。杨如轩率师部和第 80 团以永新为据点，再派 2 个团的兵力分两路“进剿”井冈山。其中，第 81 团绕道拿山、五斗江、黄坳等地迂回，准备向大小五井逼近，与从七溪岭入侵宁冈的第 79 团实行南北夹攻，妄图一举扑灭井冈山的革命星火。

这是井冈山会师后的第一仗，其重要性不言而喻。为了打好这场硬仗，朱德、毛泽东、王尔琢等人进行了周密的商议和部署。根据敌强我弱的实际情况，红军采取“诱敌深入，各个击破”的战术方针，充分利用井冈山革命根据地的地形优势，跟敌人展开了游击战。

五斗江位于江西省遂川县北，是个穷山沟里的小镇子。街上开着 10 多家店铺，附近还有零零星星的梅花村。镇子的周围是绿树葱翠的山冈。这里没有公路，只有一条山区便道，人马只能单线尾随而行。永新、泰和方向的敌军，要想从北边打进井冈山的话，这里是唯一的通道。

朱德、陈毅、王尔琢率第28、第29团进军五斗江，主攻敌军第81团周体仁部。他们分别从砻市、茅坪出发，翻过黄洋界，经五井、茨坪，来到下庄、行洲。5月5日拂晓，前卫团第29团进至黄坳，正好与敌第81团的1个营遭遇。双方各自抢占山头制高点，战斗进行得十分激烈，从燕屋村一直打到黄坳。革命军直追坪头村，经过2个多小时的激烈战斗，歼其一部，缴枪60多支，打垮了敌军这个营。

黄坳一战的主力第29团，是由参加湘南起义的宜章农民自卫军改编过来的，其武器装备比较差，在1600多人中只有200多支枪，其余全是梭镖大刀，正是依靠全体指战员不怕牺牲和顽强拼搏的精神取得了胜利。

打了败仗的敌营长领着几个士兵如丧家之犬，匆匆忙忙跑回拿山，向团长周体仁报告失败的经过。周体仁怎么都没想到革命军会先拿自己开刀，正在惊慌失措的时候，营长又给他提供了一个重要情报，在黄坳相遇的部队武器装备较差，大部分是梭镖军，其失败的主要原因是孤立无援、势单力薄。这一情报，让周体仁打消了撤退的念头，想凭借武器精良、弹药充足的优势来挽回败局。于是他召集队伍，带领匪兵连夜从拿山出发，经小通、坳头悄悄地向五斗江摸来，企图来个突然袭击，一举歼灭红军第29团。聪明反被聪明误，他万万没料到，一支兵强马壮的革命军主力正在严阵以待等着他。

原来，革命军在黄坳打垮敌军1个营后，朱德、陈毅、王尔琢几位军部领导分析研究，估计敌人不会善罢甘休，很可能会来个反扑。于是变换队形，让军部和第29团留在黄坳，由王尔琢率领第28团打前卫，直奔五斗江。这个团的指战员具有丰富的作战经验，多数参加过北伐战争和南昌起义，作风过硬，部队士气高昂。同时，全团有13个步兵连、1个迫击炮连和1个机枪连，战斗力比较强。第28团在五斗江宿营待命。

第二天一早刚吃完饭，侦察兵报告，敌人的先头部队已到五斗江北面。王尔琢听到这个消息，脸上露出了微笑，心想果然不出所料。他紧急集合部队，并精神抖擞地站在部队前列，向全团指战员进行战斗动员。他说：“今天这一仗，我们一定要努力歼灭敌人，以实际行动来庆祝第4军的成立！”接着，他分配作战任务，命令第1营渡江占领对面山上的制高点，阻击敌人的进攻；第2、第3营在其带领下正面向敌人出击；迫击炮连和机枪连掩护部队前进。

战斗打响后，第1营刚上岸就发现对面山上的制高点已被敌人的1个连占领。他们果断采取偷袭的战术夺取制高点，但在通过一片水田时被敌人发现，子弹像雨点般朝他们打来。此时恰逢雷雨交加，目标不清，敌人只好一阵猛射。战士们乘机以驳壳枪、排子手榴弹为先锋，冒着枪林弹雨，穿过水田、小溪，无所畏惧地迅速向敌人阵地冲锋。将接近敌人时，全营的子弹、手榴弹像暴雨般落在敌人的阵地上，打得敌人血肉横飞，没死的敌人也吓得魂不附体。短时的近战后，敌兵溃败而逃。

制高点被拿下后，敌人的后续部队被困在山

腰上无法展开。王尔琢指挥第 2、第 3 营与敌军主力展开了激烈的战斗。红军的步枪、机枪向敌人猛烈射击，迫击炮弹在敌群中开花。敌团长周体仁大吃一惊，这才知道自己上当了。“这哪里是梭镖队？真是见鬼了！”周体仁把报告情报不准的营长骂得狗血淋头。周体仁进退两难，只好硬着头皮指挥战斗。

战斗十分激烈，一时难解难分，枪炮声、喊杀声、风雨声交织在一起，伴着电闪雷鸣，震得地动山摇。在革命军的强攻下，敌人丢盔卸甲，东逃西窜，尸横遍野，活着的拼命向拿山方向逃窜。第 28 团像下山猛虎一样扑向溃散的敌人，一直追到五斗江北面五六公里外的仓下村，趁敌人抢渡五斗江时，再次发动猛攻，歼灭大部敌人，残部连夜逃往永新县城。

五斗江大战，打垮敌军 1 个团，击毙敌人 200 多人，缴获枪支 300 余支，并且捉到一批俘虏。当晚，在五斗江的万寿宫召开祝捷大会。

第 28 团 1 营 2 连党代表龙著林十分敬佩王尔琢的正确指挥，编写了一首《王尔琢大战五

斗江》唱本，一有空就教战士们演唱。6月的一天下午，在井冈山革命根据地一块草坪上，正在演唱《王尔琢大战五斗江》，当群众和战士们听着："……多亏了王尔琢机智勇敢，率领红军二十八团，打败了敌八十一团，缴了枪支三百余，这是两军会合后，取得的第一个大胜仗……"热烈的掌声和笑声混成一片。接着，又演出了几个短剧，群众的情绪极为高涨。

这时场上走来一位青年，脸上带着几分谦虚的表情，点名要找《王尔琢大战五斗江》的作者。战士们看到后交头接耳地说："这不是王尔琢团长来了吗？"王尔琢向剧作者龙著林说："你们演唱庆祝五斗江胜利，这是党的领导和同志们的功劳，可别突出我个人啊！不能再说是王尔琢大战五斗江了！"王尔琢就是这样低调谦逊，时刻把党的领导记在心间，把战争的胜利归结为集体的力量。

五斗江战斗的胜利，对打破国民党军队第二次"进剿"井冈山起了决定性作用。敌军杨如轩部被革命军打得落花流水，只好狼狈收兵，灰溜溜地逃回了吉安。后来，广为流传的江西民歌《十送红军》，把五斗江写入歌中，“七送（里格）红军，（介支个）五斗江”，五斗江的名字随之唱遍了大江南北。

激战草市坳

五斗江战斗后，革命军第一次占领了永新县城。蒋介石不甘心失败，急令江西国民党军向井冈山革命根据地进行第三次“进剿”。得知消息后，毛泽东采取“敌进我退，声东击西”的战术，当即命令第 28、第 31 团主动撤离永新县城，隐蔽在永新以西小江区待命。

1928 年 5 月中旬，江西国民党军第 9 师师长杨池生、第 27 师师长杨如轩带领所属部队共 5 个团的兵力，向永新进犯。

王尔琢指挥第 28 团早早隐蔽在道路两旁，做好埋伏准备。敌人知道革命军的厉害，一遇到山高林密、地形复杂的地方，便东打一枪西打一枪，自己给自己壮胆。他们走了一天的山路，个个累得精疲力竭，一到平地便想宿营。当他们刚做好宿营准备，一阵密集的枪弹劈头盖脸扫射过来，走在前面的敌军便倒下好几个。敌人见有革命军，立即组织反击，架起机枪、迫击炮向附近的小高地一阵乱打。当他们爬上高地东找西寻，连个人影子也没找到。杨如轩提心吊胆地进入永新县城，哪知革命军早已撤走了。他灵机一动，马上发报告捷，大吹大擂吹嘘自己打败了革命军，占领了永新县城，俨然把自己当成了“英雄”。他发号施令，将各种作战物资、饷银运进永新县城，准备以永新为据点向龙源口、古城、宁冈进犯，妄图将革命军主力寻歼在宁冈地区。

在敌人进攻前，毛泽东已经命令第31团1营攻占高陇。到了高陇圩场，由于敌人警戒疏忽，革命军没费一枪一弹便占领了高陇，缴获了大批报纸和文件资料，了解了湖南的敌情，并打了大地主、大军阀家，筹了款子。次日，第3连在行进途中与敌一个正规团和靖卫团遭遇，战斗激烈，连长张金泉英勇牺牲。在敌众我寡的情况下，部队伤亡较大，第1营营长员一民也英勇牺牲。在这危急时刻，朱德带领第28团、第31团3营及时增援上来。王尔琢指挥第28团，经光泉、乐家亭攻击高陇之敌的右翼，第31团3营经大符坪、龙下攻击敌人的左翼。两支红军部队像一把张开的铁钳，在激烈的枪声中向高陇包围过来，歼敌近1个营，缴获枪支200余支。

高陇战斗结束后，朱德率部在返回小江区的途中，接到毛泽东从宁冈送来的信，信中说：敌人欲集中优势兵力，强行突击宁冈，与我决战，希根据实际情况，相机击破永新之敌。

朱德立即召开营以上干部会，参谋长兼第28团团长王尔琢、该团党代表何长工、第31团1营营长陈毅安、3营营长伍中豪、党代表罗荣桓等都参加了会议，大家充分讨论，一致认为应避敌锋芒、攻其不备。

王尔琢发言说："我们应当奔袭永新县城，来个围魏救赵。即可解宁冈之危，又可在敌人指挥部缴获大量辎重。"

朱德听了大家意见后，下达作战命令："午饭后，王尔琢率第 28 团攻占永新。"

当时正值春雨季节，山路泥泞难走，革命军战士穿着草鞋穿谷越岭，行动艰苦异常。王尔琢率领部队克服困难，经过半天和一夜的急行军，5 月 13 日凌晨前卫部队已逼近澧田，算起来已走了三四十公里，尖兵连迅速干掉敌人的哨兵进入澧田。后来，因为革命军说话惊醒了正在睡觉的挨户团，他们认为是游击队夜袭，胡乱打了几枪便向永新方向逃跑了。

王尔琢通知各部，严密封锁消息，就地宿营，让战士们吃饱睡好，准备打一场硬仗。挨户团逃到永新后立即向杨如轩报告，说昨天夜里在澧田遇到了共产党的游击队。敌第 79 团团长刘胡子认为捡便宜请赏的机会来了，便主动向杨如轩说："游击队来了，我带队去捉吧！"

澧田距草市坳约 8 公里，刘胡子带领该团人马开来，至傅家陇附近被革命军发现。王尔琢立即命令部队占据傅家陇西北侧黑栋山一带有利地形，准备采取伏击手段将敌军歼灭在运动中。王尔琢命令第 28 团 3 营担任阻击，第 1、第 2 营侧击，第 31 团 3 营为预备队。

10 时许，敌人 1 个团进入了革命军的伏击圈。敌第 79 团前卫营排成行军纵队向伏击阵地开进，100 米！ 50 米！ 30 米！

王尔琢一声令下，部队猛烈开火，机枪、步枪、手榴弹暴风骤雨般打向敌人。敌军遭到突然袭击，顿时乱作一团。敌团长刘胡子见前卫营受阻，立即指挥团主力抢占附近高地，集中火力向革命军反扫射。谁知王尔琢在更高处指挥部队用机枪压制敌人，打得敌军狼狈逃窜。激战中，敌团长刘胡子被击毙，残敌纷纷缴枪投降。这一仗缴获步枪 400 多支、机枪 1 挺。

接着，王尔琢让第 1 营战士穿上国民党军服担任前卫，追在残敌后面一起进入永新城。同时，让主力部队做好攻城准备，如果第 1 营伪装被敌军识破，大部队立即在北门强行登城。

两军正在草市坳激战时，杨如轩却在永新城的司令部和几个亲信打麻将，有人突然向他报告："司令，城西发现红军。"

他满不在乎地说："不要造谣！哪来的红军，只是小小游击队，我已派刘胡子打他们去了。"

接着，又来卫兵报告："司令，城外发现红军。"

他一边打牌一边说："怕什么，小小游击队能翻什么大浪，还有我79团呢！"

杨如轩打麻将正在兴头上，副官又慌慌张张向他报告："司令，红军已经进城了！"

杨如轩大发雷霆："真他妈见鬼了，澧田还有刘胡子一个团，红军怎么会来得这么快？"他这一发火，谁敢再报。接着，枪声响到了耳边，喊杀声响到耳边："不要让杨如轩跑了！"

顿时，杨如轩吓得脸色煞白，丢下麻将，带着随从和一只狼狗就跑。奔向东门，东门门洞已经挤满人。杨如轩调头向北，爬上城墙就往下跳，耳朵被流弹打穿后逃跑。

草市坳一仗，革命军俘敌数百人，缴获山炮2门、迫击炮7门、步枪300余支，银圆20担，子弹数万发及大批军用物资，胜利地粉碎了敌人的第三次"进剿"。后来，战士们每人补充了200发子弹，部队还增加了1个新兵营。

“飞兵团长”

王尔琢率领第 28 团在国民党第 27 师师长杨如轩面前上演了一幕“神兵天降”的大戏后，不仅重新占领了永新城，而且极大地打击了国民党军队的嚣张气焰。他们始终不明白红军为什么来得这样快，惊叹“红军真是飞兵”。

这次在攻打永新城的过程中，由于第 28 团行动速度十分惊人，于是“飞兵团”的名号便顺理成章地“戴”在了第 28 团的头上，作为第 28 团团长的王尔琢也被冠上“飞兵团长”的美誉。从此，“飞兵二十八团”的佳话，在井冈山迅速传开来，王尔琢和第 28 团便以赫赫战功在第 4 军的光辉历史上写下了浓墨重彩的一笔。

作为“飞兵团长”，王尔琢是实至名归的。因为他是一名既擅长治军作战，又善于做政治工作的优秀红军将领。

王尔琢善于治军。他带兵的一贯作风是严肃与慈爱相结合。部队中的每项事情，大至军事部署、战斗计划，小至生活安排及战士之间的口角是非，他都事事关心，件件过问，从不马虎。有一次，在打扫战场和清点缴获的武器装备时，两个小战士为争夺一挺新型重机枪产生了摩擦。两个人都说这挺机枪是自己的战利品，优先使用权应该归自己所有。无论大家怎么调和，这两个小战士就是不退让。正当他们相持不下、争得面红耳赤的时候，王尔琢出现了。他认真地了解了这场争端的来龙去脉后，沉默了片刻。大伙以为王团长肯定要板起面孔对这两个小战士进行说教，然后给予军纪处罚。没想到，王尔琢脸上竟然露出令人难以捉摸的微笑来，他问两个战士，为什么要抢这挺机枪？

两个小战士异口同声地说道："因为它火力猛烈，可以冲在最前面，可以多杀敌人。"

听完这话，王尔琢的笑意更浓了："很好嘛，我们红军就应该有这种热情和冲劲。但是多杀敌不是单靠先进武器，也不是单靠个人单枪匹马、英雄主义就能实现的。它需要我们每一个战士的精诚团结，团结就是力量。只要我们团结起来，还怕杀不尽国民党反动派吗？同志们，要记住团结才是这个世界上最有力的武器。”

王尔琢的一席话，字字珠玑，句句在理，听得所有人频频点头。而这两个小战士都惭愧地低下了头，并向王尔琢保证道：“团长，是我们错了，以后我们一定会紧密地团结起来的。”

就这样，王尔琢不仅化解了一场战士内部的矛盾，而且在军队内部很好地宣传了团结的意义和精髓，第 28 团的凝聚力战斗力得到进一步提升。

王尔琢治军的才华无可厚非，但他从不恃才傲物，总是保持一种谦逊谨慎的态度，认真听取别人的意见，对于好的主张，他能够从善如流，虚心采纳。同时，对于别人的缺点和错误，他也能直截了当地指出，并对其进行善意诚恳的帮助。

王尔琢同时又是善于做政治工作的干部。他战时严肃认真，指挥果断，而平时却平易近人，和蔼可亲，跟谁都能攀谈得上，在战士中间，常常能听到王尔琢爽朗的笑声。战士们有思想问题，他耐心开导；战士们遇到困难，他千方百计帮助解决。

他还非常重视兄弟部队之间的相互学习。刚上井冈山的时候，第 28 团战士看到第 31 团严格遵守群众纪律，便把第 31 团讥讽为“秀才兵”。王尔琢知道后，及时地批评了这种错误看法，他强调搞好兄弟团的关系，遵守群众纪律的重要性，提出“向 31 团学习”的口号，使第 28 团的官兵不仅有过硬的作战本领，还进一步提高了政治素质。

在王尔琢这位“飞兵团长”的带领下，第 28 团克服了许多困难，战斗捷报一个接着一个传来。

龙源口大捷

“五斗江失利！”

“草市坳失利！”

失败的战报像雪片似的飞到蒋介石面前。蒋介石气急败坏，集中湘赣两省的国民党军队十多个团的兵力，对井冈山革命根据地进行第四次“进剿”。

为了保证此次“进剿”成功，蒋介石特意将湘赣两省的军事首脑吴尚、杨池生和杨如轩喊来训话。蒋介石反复强调此战的重要性，要求他们只许胜不许败。吴尚、杨池生信誓旦旦地保证此战必大捷！唯有杨如轩缄默不语。蒋介石语带讽刺地说道：“杨师长，这次再遇上红军飞兵团，希望你不要重复悲剧，给党国丢脸。”杨如轩颤巍巍地答道：“是，是。”

6月中旬，湘军吴尚率领第8军5个团向湖南攸县、茶陵逼近，威胁井冈山革命根据地的西侧；赣军杨池生率5个团、杨如轩带2个团，直逼永新，从正面直插井冈山。两军妄图分进合击，把宁冈根据地一口吃掉。

面对国民党军队这次大规模的“进剿”行动，红军自然不会懈怠，也在积极做好应对准备。毛泽东首先命令红军主力撤出永新、酃县，到宁冈地区集结待命，进行反“进剿”的准备工作。同时，与朱德、陈毅、王尔琢等共同商议对策，认为湖南国民党军数量虽多而且战斗力较强，尚未进攻红军；江西国民党军经过红军数次打击，有畏惧心理。研究决定，对战斗力较强的湘敌取守势，对战斗力较弱的赣敌取攻势。

6 月 20 日，毛泽东在宁冈古城召开了红 4 军连以上干部会，讨论粉碎敌人“进剿”的战法。最后会议决定，按照轻重缓急区别应战，红军先消灭驻扎在龙源口的杨池生 1 个主力团和杨如轩 2 个主力团。由朱德、陈毅率第 29 团和第 31 团 1 营，在新七溪岭迎击杨池生的 1 个主力团；由王尔琢率第 28 团，在老七溪岭迎击杨如轩的 2 个主力团。

当时临近端午节，毛泽东为这次反“进剿”作战想了个有趣的说法：宰掉两只“羊”，喜迎端午节。6 月 21 日，毛泽东率第 31 团 3 营前往永新的龙田、潞江一带，发动群众骚扰赣敌，并牵制湘敌。

战斗前夕，毛泽东给红 4 军军委写信通报情况。22 日，陈毅、王尔琢在新城紧急召开营以上干部、地方党和武装负责人参加的军委扩大会议，讨论并确定具体的作战方案。会上传达了毛泽东的指示信。

信中指出，敌人此次主力为杨池生之第 9 师，该师已分头两路向龙源口逼近。我们要争取主动，抢先占领新、老七溪岭制高点，相机歼敌一部或大部。信中明确了战役的重点在老七溪岭及白口村方向，主攻应放在老七溪岭。打垮敌人后，应追击到石灰桥地区，争取时间，发动群众，并指出湖南敌人是配角，他们在茶陵、酃县一带活动。湖南军阀唐生智有一定独立性，而且战斗力较强。朱培德部是蒋介石的御用军队。因此，必须避强就弱，集中力量打击江西的敌人。

会上有的主张这样打，有的主张那样打，讨论十分热烈。王尔琢综合大家的意见，坚决主张打，并强调说："有毛委员、朱军长指挥，我们有必胜的信心。"最后，大家统一了思想，一致同意按毛泽东指示信的精神办。

会议决定：第 28 团迎击进犯老七溪岭之敌第 25、第 26 团，为主攻方向。歼灭老七溪岭、白中村地区之敌后，向龙源口方向前进，会同第 29 团歼灭该地区之敌，由王尔琢指挥；第 29 团和第 30 团 1 营迎击新七溪岭之敌，由朱德指挥。军直属队、第 31 团机枪连随朱德行动。第 32 团及

第 29 团新兵留守井冈山，向湖南方向警戒。湖南各县地方武装分头向酃县方向游击，牵制和迷惑敌人。

新、老七溪岭相距五六公里，紧靠龙源口村，横亘在永新、宁冈两县之间。山上树高林密、水流湍急，地势十分险要。新、老七溪岭各有一条小路蜿蜒而上，两条小路是永新通往宁冈的交通要道。

6 月 23 日，龙源口战斗打响。新七溪岭这一路，由朱德、陈毅率领，第 29 团担任前卫。因为距离新城较近，红军战士们很快爬上山顶占领了制高点，然后沿着山道搜索到山脚，恰巧和蜂拥而来的杨池生第 21 团正面遭遇，双方展开激烈战斗。这条山路是在山梁上，两侧都是陡坡险崖，长满繁密的丛竹矮松，兵力无法展开，敌人也只能沿着这条唯一的道路向上仰攻。山梁上既没有工事可守，也没有地形地物可利用，密集的队形完全暴露在敌人的火力之下，部队伤亡很大。

王尔琢率领的第 28 团因路程较远，他们赶到老七溪岭时，制高点百步墩已经被杨如轩部占领，大批敌人正向山上开来，“飞兵团”被阻在半山腰的茅官坳。茅官坳与百步墩中间隔着一个山涧，山路狭窄，树木茂密，兵力很难展开，但老七溪岭是非拿下不可的，否则会影响到大局。王尔琢马上组织冲锋，敌人居高临下，密集的火力封锁了前进的道路，我军连续组织了3次冲锋，都未能拿下。

这时，新七溪岭上枪声越来越密。从枪声判断，战斗正一步一步向山顶发展，对红军十分不利。在这大敌当前、处境困难、友邻危急的情况下，原先在会上不主张打的1个营长畏敌动摇，向王尔琢提出："团长，新七溪岭恐怕要失守了。我们也不顺利，不能再打了，赶快向莲花方向撤吧！"

王尔琢说："如果我们撤走了，朱军长、陈主任他们不是腹背受敌吗？"

"团长，我们是全军的主力，只要红28团在，损失可以补回来嘛！"

王尔琢怒不可遏地痛斥道："胆小鬼，我王尔琢决不在关键时刻临阵脱逃！百步墩再高再险，我们也要攻下来。"

王尔琢与党代表何长工商量，可以利用树木

茂盛、山石横生的地形，组织敢死队突击。何长工同意王尔琢的意见，他们立即挑选了100多名党员、骨干，组成10个冲锋集群，由第3营营长肖劲带队，手握快枪，腰别手榴弹，背插大砍刀，利用树林、山石作掩护，悄悄接近百步墩。

肖劲毕业于黄埔军校第三期，曾任中央军事政治学校武汉分校学生队队长、第二方面军教导团特务连连长，南昌起义后与陈毅一起追上起义的部队，成为红28团第3营营长。当时3营下辖4个连，其中6连连长林彪、10连连长李天柱、11连连长杨至成、12连连长耿凯和党代表粟裕，个个都是赫赫有名的战将，可谓强将手下无弱兵。

只见烈日当头，火热的气流在山谷间漾动，繁茂的树丛里蒸发着一股霉湿的气味。敌军每人背着2条子弹带、1条米带、1条手榴弹带，负重往山上爬了老半天，又热又渴，疲惫不堪。敌军官估计老七溪岭红军兵力不多，几次攻击都没成功，便骄傲地再没把红军放在眼里，放松警惕指示除前沿部队外，其余士兵在路边休息。一个个疲惫到极点的敌人放下枪支，解下身上的子弹带，在阴凉处横七竖八地躺下纳凉。

这时，肖劲带领冲锋集群冒着敌人密集的火力，利用地形地物作掩护，很快接近了敌人。就在战士们准备冲击的时候，敌重机枪突然开火，挡住了前进的道路，肖劲在战斗中不幸被敌人的子弹击中腹部，肠子都流出来了。他用手将肠子重新塞回腹腔内，使劲儿捂住伤口，并撕下一片衣服裹住肚子，继续带着部队顽强冲锋。

冲在最前面的彭班长带着几个战士悄悄地向敌机枪摸去，快接近敌机枪时，彭班长的腰上有几处被击中负伤，他忍着剧痛，继续向敌机枪摸去。到了机枪旁边，他鼓足力气大喊："冲啊……"就用身体扑向敌机枪。"杀……"怀着对敌人满腔仇恨的红军冲锋集群大步冲到敌人面前。这时红军战士的短枪、驳壳枪"乒乒乓乓"像铁扫帚一样，指向哪里，哪里就倒下一片。刺刀、大砍刀，寒光闪闪，犹如砍瓜切菜般把敌军杀得人仰马翻。敌人一开始还想顽抗，但他们哪里能挡住冲锋集群一个接一个的冲锋。在一阵冲锋号和喊杀声中，终于抢占了制高点百步墩。

敌人前边一垮，红军后脚追来，敌人连喘息的机会都没有，更无法调整队形反扑，400 多名敌人，好像山崖崩塌，巨石乱滚。只听见一片喊声：“红军来了赶快跑呀！”后边的敌人挡也挡不住，也跟着垮下来，越向下人越多，路越窄越拥挤，乱糟糟自相践踏，许多敌人滚跌下两侧的山崖。敌人一乱，王尔琢指挥红军战士像疾风扫落叶一样，转眼工夫，就将杨如轩 3 个团的敌人冲得七零八落，在追击的途中消灭了敌人 1 个团，最后缴获足足 2 个团的枪，剩下的残敌向永新城逃去。但英勇的 3 营营长肖劲，却牺牲在了冲锋的途中。

老七溪岭的战斗结束了，新七溪岭的战斗还在进行。王尔琢的第 28 团没有穷追，而是派 1 个营追赶逃敌，自己亲率主力前往龙源口支援朱德、陈毅，从敌人背后发起猛烈攻击，敌人纷纷溃逃。到了龙源口，他遇上了陈毅。陈毅拍着王尔琢的肩膀笑道：“参谋长，第 28 团打得很好啊！你们再迟来半个钟头就不得了，朱军长的帽子都被打了个窟窿眼啦。”

原来，新七溪岭的第 29 团是湘南暴动农民自卫军新组织起来的部队，枪支少，多数是梭镖，敌杨池生部装备精良，红军虽然把枪支弹药集中起来顽强进行抵抗，但还是压制不住敌人的火力，只好边打边撤。跟在第 29 团后面的第 31 团 3 连思想麻痹，认为前面有第 29 团，他们不会立即投入战斗，便没有任何战斗部署。第 29 团一撤，第 3 连就和敌人遭遇，仓促应战。连长中弹牺牲，其他几个连干部也负了伤。1 排长挺身而出，指挥全连战斗，也英勇牺牲，第 3 连全部撤了下来。当时第 31 团 1 营指挥所设在望月亭，敌人进到距指挥所 200 米处时受到第 2 连阻击，连长、副连长相继负伤，朱德亲自端着机枪和 3 个警卫员投入战斗。恰在这时，第 1 连连长带领全连增援上来，才使敌人攻势减弱。后来，王尔琢带领第 28 团及时赶到，敌军见势才溃逃下去。

龙源口战斗，红军以少胜多、以弱胜强，最终歼灭赣敌 1 个团，击溃 2 个团，缴获枪支七八百支，红军乘胜第三次占领了永新县城，胜利粉碎了国民党军队第四次“进剿”，巩固了井冈山革命根据地，极大地振奋了军心，群众欢欣鼓舞地编歌谣唱道：“五月里来是端阳，七溪岭下摆战场，不费红军三分力，打垮江西两只羊（杨）。”龙源口大捷，威震湘赣两省，不少报刊都专门进行了报道。

龙源口大捷后，湘赣边界工农武装割据区域发展到包括宁冈、永新、莲花 3 个县，吉安、安福、遂川、酃县各一部，面积 7000 余平方公里，人口约 65 万，井冈山革命根据地进入全盛时期。这时，王尔琢当选中共红 4 军前敌委员会委员和中共湘赣边界特委委员。

05 壮志未酬身先死

风云突变

井冈山会师后，红 4 军在毛泽东正确路线指引下，五斗江战斗一占永新，草市坳战斗二占永新，龙源口大捷三占永新，红军胜利地粉碎了国民党军队的“进剿”，根据地不断扩大，土地革命不断深入，红军和赤卫队不断壮大，革命形势一片大好。

正当革命形势迅速向前发展的时候，毛泽东的正确路线又一次遭受到“左”倾路线的干扰。

1928 年 6 月 26 日，中共湖南省委写信给湘赣边界特委和红 4 军军委，对敌我力量作了不切实际的估量，决定红 4 军“立即向湘南发展”，留袁文才部队 1 个营守山；要求毛泽东“须随军出发”，派杨开明担任湘赣边特委书记；取消红 4 军军委，另成立以毛泽东为书记的前敌委员会；派杜修经“为省委巡视员，帮助前委工作”。6 月 30 日，杜修经以湖南省委巡视员的身份、杨开明以湖南省委派充边界特委书记的身份到达井冈山革命根据地，声称：“省委决定红四军攻打永新敌军后，立即向湘南发展”，并硬性指示杨开明接替毛泽东为特委书记，毛泽东须随军出发。

在这关系红军和根据地发展前途的严重时刻，毛泽东同“左”倾路线进行了坚决的斗争。他于当日在永新县城主持召开中共湘赣边界特委、红 4 军军委和永新县委联席会议，讨论巩固和发展井冈山革命根据地的各项工作。

会上，杜修经宣读了湖南省委给湘赣边界特委和红 4 军军委的指示信。指示信强调，“你们必须很有计划地善于利用四军的军力，努力向外发展”，“以及四军须集中力量向湘南发展”，“实现中央所指示的割据赣边及湘粤大道计划”；“先解决永新之敌军，然后再杀出一条血路，向湘南资兴、耒阳、永兴、郴州发展”；要“毫不犹疑地立即执行”省委指示。与会者就湖南省委指示信进行了讨论。

毛泽东、朱德等认为此时井冈山革命根据地刚巩固，攻打大城市没有基础，会将大好形势白白断送。红4军主力离开井冈山、远距离分兵去湘南是危险的，应该继续坚持巩固和发展井冈山革命根据地，与杜修经发生了激烈的争论。

从安福连夜赶回永新参加会议的王尔琢，认为省委的指示不妥，坚决赞同毛泽东避强打弱对湖南敌人采取守势、对江西敌人采取攻势的策略，不同意湖南省委“打湘南”的错误意见，主张红军主力继续留在湘赣边界。

最后会议决定，红4军当前不宜去湘南，继续在湘赣边界做群众工作，建设巩固的根据地；请求湖南省委根据目前井冈山斗争的实际作出新的决定。7月4日，中共湘赣边界特委、红4军军委根据永新联席会议的意见和决定，向湖南省委写出了报告，陈述了红4军当前不宜去湘南的具体理由。

恰在这时，湘赣两省国民党军队商定7月7日同时对井冈山革命根据地发动“会剿”。在湘军第8军吴尚率领下，乘红4军分兵在莲花、安福、吉安边界发动群众之机，以2个师提前出动，从茶陵、酃县侵入宁冈，再次占领砻市、新城，并向永新进犯。

毛泽东、朱德、陈毅在永新接到宁冈告急书后，当即召开特委、军委会议，决定采取“围魏救赵”的策略，由毛泽东率第31团对付即将进入永新的赣军；由朱德、陈毅、王尔琢率领军部和第28、第29团组成的红军大队直取湖南的酃县，威逼茶陵，迫使湘军回援其后方，达到目的后立即回师永新，同第31团一起对付赣军，彻底粉碎敌人的“会剿”。

7月13日，红4军第28、第29团攻克了酃县县城。湘军第8军一看屁股被抄，有些惊慌，于是赶快下令退兵，返回茶陵。朱德、陈毅、王尔琢开会研究，觉得毛泽东的计策已经实现，预期目的已经达到，眼下井冈山兵力空虚，应该立即撤出酃县返回宁冈。这时，第29团团长胡少海慌慌张张跑来报告："事情糟了，第 29 团有点乱。不少人闹着要回湖南老家去，不愿回师宁冈。"

朱德一听浓眉皱起疙瘩，气呼呼地说："搞啥子名堂？你去传达命令，马上开拔！"

陈毅一听也很恼火，他对朱德说："我去看看。"

陈毅一到第 29 团就被一群战士围住。这个喊着："我们要回湘南！"那个说："我们要回老家！"还有的公开喊："不准回湘南，老子不干了！"陈毅马上制止喧闹，下令胡少海赶快集合部队，向大家耐心讲解为什么不能进军湘南，等战士们平静下来之后，胡少海就下令部队向沔渡出发。

原来，当红军部队占领酃县县城后，随军行动的杜修经利用第 29 团官兵系湘南起义农军改编、乡土观念重，鼓动他们向湘南冒进。他动员大家回老家闹革命，听湖南省委的指示，不要听毛泽东、朱德的指挥。

朱德、陈毅、王尔琢等红 4 军主要领导干部后来得知这一情况，临时前委决定在沔渡召开军委扩大会议。王尔琢在会上首先发言，严厉地批评了杜修经无视联席会议决定一意孤行的错误。

杜修经对此极为恼火，他指着王尔琢声色俱厉地问：“是你听省委的，还是省委听你的？”

王尔琢十分气愤地拍着桌子说：“你懂得什么？你毫不了解井冈山的处境，也不听我们的意见，只管拿省委的指示压我们，是什么道理？我们是要对革命负责的！”就连在旁边的何长工也气愤不过，指着杜修经狠狠地进行了批评。

会议经过讨论再次作出决定：执行永新联席会的决议，立即回师宁冈。散会后，王尔琢又集合 2 个团部队讲话，号召全体战士服从军委领导，不要违背军委的战略部署。说服战士们服从纪律，开回井冈山革命根据地，不要私自回家。

远在永新的毛泽东接到临时前委书记陈毅报告第 29 团官兵要回湘南的信后，立即给杜修经和朱德、陈毅回信，要求必须按联席会议决议行事，断然停止去湘南的行动，以避免不应有的损失，并重申不能开赴湘南去的理由。

朱德、陈毅等收到来信后，又召开连以干部会就毛泽东来信进行讨论，进一步统一大家的思想。可杜修经等人一再向战士们煽动思乡情绪，说回湘南去，照样可以干革命、打土豪，还可以帮助家中收割稻子和看望老人孩子。就这样，战士们一个个听得归心似箭，终于在翌日凌晨悄悄地把第29团拉向郴州去了。

兵败郴州

朱德、陈毅、王尔琢得知第29团离开后，十分焦急，觉得让第29团孤军深入湘南会更加危险。经过反复讨论，王尔琢建议第28团去接应第29团，以备在第29团有不测时予以援救。这样，朱德、陈毅、王尔琢率第28团立即从酃县沔渡出发，远远跟在第29团后面。第29团官兵思乡心切，又怕被第28团追上，拼命往前跑，竟把主力第28团甩下了10多公里，于7月23日抵达郴州城外的鸦市坪。

郴州是湘南的重镇，为国民党专署驻地，也

是湘粤赣三省的交通枢纽。24日一大早，第29团连敌情也没有侦察、研究，便开始了进攻郴州的作战。本来，第29团团长胡少海意欲等朱德他们到来后再行动，可随军行动的省委巡视员杜修经却声色俱厉地说：“还等什么！范石生部是国民党军，我们是共产党，放着面前的敌人不打，还革什么命！”胡少海只好下达攻击命令。待朱德、陈毅、王尔琢赶到鸦市坪时，战斗已经打响了。

战斗打响之后，他们才知道驻守郴州的果然是范石生的部队——第16军46师的1个补充团。

得知这一消息后，朱德想起当年在汝城与范石生离别时，范石生说的一句话：“玉阶兄，此去一别，好自珍重。今后我们相遇时，你不打我，我也不打你！”

朱德犹豫了，他对杜修经说：“范石生部是友军，过去曾接济过我们，和我们搞过统一战线，不能打。”这时候，没有一点战略观念和统战思想的杜修经却说：“已经打响了，就打吧！”

在这位权高位重的湖南省委巡视员面前，朱德左右为难。打，对不住范石生和友军；不打，难以说服杜修经和第29团官兵。一场不该打的战斗只得继续进行下去。当时的部署是：第29团以进攻牙石桥为目标，第28团以进攻苏仙桥为目标，向郴州城发起了激烈的进攻。

驻守郴州的国民党第16军46师师长张浩，被红军的突然袭击打蒙了。他知道前来进攻的部队是朱德的红4军，也知道朱与范石生的关系与旧约，自认为红军的进攻，是朱德部路过郴州，碍于国共两党的原因做个样子的，于是下令补充团退守。补充团不战自退，第29团却不知内情，以为是守敌怯战，于是愈加勇猛冲击。一时，枪弹如雨，遮天蔽地，补充团的士兵一片片倒下。第29团的勇猛冲击，把张浩气坏了，欲请示范石生，恰巧范石生又到广州去了。面对着部属的请求和士兵的伤亡，他当即下令驻守在苏仙桥的4个团从城北向县城逼近。此时，第29团已攻入郴州。

傍晚时分，城北突然响起激烈的枪声，敌军开始反扑，第29团腹背受敌。第3营营长带着队伍在城北面迎击敌人，多次打退敌人的冲锋，但部队伤亡很大，有些抵挡不住，情势非常危急。

朱德、陈毅、王尔琢闻报，急令第28团赶来增援，挡住了从苏仙桥方向往县城反扑的敌军。王尔琢指挥第28团奋勇杀敌，战斗打得很激烈。枪炮施展不开，王尔琢就带头与敌人拼刺刀。战士们见团长身先士卒，一个个杀敌热情高涨，缴获敌机枪一挺，俘虏敌副连长一名。当得知第5连和迫击炮连被敌包围的消息后，王尔琢又带着第1营和3营，抱着一挺机枪前去解围，高喊："5连、迫击炮连的同志们不要动，我来接你们了！"在王尔琢的指挥下，敌人的包围圈被打破，第5连和迫击炮连被解救出来。

这时，面对数倍于我的敌人，硬顶下去是要吃大亏的，于是朱德发出边打边撤往资兴的命令。当红军大队退到郴州的东江时，一清点人数，第29团千余人的队伍剩下100多人，建制被打掉了。只有胡少海、龚楚带了一二十个通讯人员和特务连少许人，建制稍完全一点的是萧克带领的一个连有六七十人。第28团也有些损失，但基本队伍完好，建制健全。

第29团被打垮了，几乎全团覆灭。见到这种状况，团长胡少海痛苦流泪，党代表龚楚却不以为然。后来得知：第29团从城里突围出来时，一部分人员自由行动跑向宜章家乡，结果在广东乐昌被土匪胡凤璋部消灭；一部分散落在郴州、宜章各地，不知所终。面对此情景，朱德宽厚的胸膛怒涛起伏，两眼通红，仰天长叹；陈毅紧咬嘴唇，拳头捏得咯咯响。王尔琢与朱德商量，将第29团剩余人员编入第28团，然后率部从资兴、桂东回师井冈山。

对于这段历史，亲历者萧克后来回忆说："7月24日打下郴州，29团住在郴州南门外通宜章的城关街上，28团住在郴州城北。将近黄昏，国民党军范石生部从北面来反攻，同28团接触。枪声一响，29团各部就拥到街上，没有命令，没有指挥，建制混乱，也不集合就向南跑，老小和行李担、伙食担夹在部队中乱跑。走出两三里路，队伍还不停。我看情况不对，28团在打仗，29团不去增援，反而向南跑？我当即命令我连坐在路边不要走动，也不许散兵乱插队……我命令回头走，走了三四里，天黑了，听到北面的枪声向东移，而且稀了，我就向东北的岔路走，恰巧遇到28团向东撤退。我问了情况，就跟着28团走。第二天，退到东江，29团团长胡少海、党代表龚楚带着团部和通讯排、特务连共八九十人以及四五十支枪，也来了。这时，29团基本散了，总共剩下不到200人，约百支枪，只有我连是保持完整建制归队的。”

郴州一战，开往湘南的红军大队“先胜后败，撤出战斗”，第29团在湘南溃散，损失惨重。同时，由于红军主力远离井冈山革命根据地，敌人乘虚而入，占领井冈山地区的县城和平原地带，群众惨遭烧杀和摧残。红4军第29团在湘南溃散，井冈山革命根据地遭受严重损失，史称“八月失败”。对于边界的“八月失败”，当年的关键人物杜修经，在半个世纪后曾写下沉痛的忏悔之言。他说：“正当革命事业向前发展的时候，我却破坏了这一事业，造成了井冈山斗争的‘八月失败’，使年轻的红军损失一半，边界政权尽失，被杀之人，被焚之屋，难以计数，几乎毁了中国革命的根基，其错误是非常严重的！至今我仍是内疚之深，寝食难安！”龚楚后来也叛变革命，成为人民的罪人。

崇义遇难

听到湘南兵败的消息后，毛泽东心急如焚，决定亲率第 31 团 3 营去湘南把红军大队迎回井冈山。出发前，他对第 3 营官兵作了交代：我们去迎回第 28 团，不要讲他们的缺点，要严格遵守这一点，对他们采取团结和欢迎的态度。

8 月骄阳，炎炎似火。毛泽东一行冒着酷暑，经三湾，穿茅坪，过大院，急速朝湘南桂东方向疾行，晓行夜宿，日行 130 多里。

8 月 20 日，毛泽东一行进入湖南桂东边境，即派出人员四处探询朱德部队。来时，贺礼昌只告诉说第 28 团在桂东一带活动，可具体地点也说不清楚。经过四处打听，当地群众告知寨前圩一带有一支千余人的红军队伍。毛泽东听后非常高兴，即写信同朱德、陈毅取得联系，告之一两日内即可到桂东县城，望届时来县城会合。

8月23日，毛泽东率领的第31团3营在桂东县城与朱德、陈毅、王尔琢率领的第28团会合。毛泽东看到第28团主力损失不大，甚是高兴。朱德、陈毅、王尔琢等见到毛泽东也十分高兴与感动。他们未曾想到，毛泽东亲自率兵来湘南寻找和迎接他们。一时，两团指战员纷纷互相祝好问安。

随后，毛泽东、朱德等商议，借这次会合之际召开一次会议，认真总结红军大队冒进湘南的经验教训，议决今后的行动和工作。23日当晚，毛泽东在桂东唐家大屋主持召开了第28团、第31团营以上干部参加的前委扩大会议。朱德、陈毅、王尔琢、何长工、宛希先、龚楚、杜修经等参加了会议。会议的气氛很沉闷。

湘南之行，前后仅1个月，就突然少了1个团，大家的心情都很悲伤。毛泽东向朱德等通报了红军大队走后边界的情况。他讲了国民党军11个团向边界“会剿”的情况，讲了派江华送信请求红军大队返回根据地的经过，讲了根据地遭到重大损失的严重后果。与会同志听了无不为冒进湘南而懊悔，为边界丧失而痛心。杜修经在会上检讨了自己的错误。朱德、陈毅、王尔琢等也讲述了红军大队冒进湘南的经过，并各自解剖自己，承担了应有的责任。会议根据杜修经在这次冒进湘南中造成军队与边界同归失败的严重错误，决定建议湖南省委予以处分。会议对今后红军的去向进行了研究，并作出决定：经崇义、上犹重回井冈山革命根据地，并建立一个行动委员会，统率此次行动。根据冒进湘南以来的情况，在沔渡的前敌委员会作用已经终结，大家一致推选毛泽东为行动委员会书记，带领红4军主力重回井冈山。

散会时，毛泽东风趣地对朱德说："革命把我们拴在一起，朱、毛是不能分开的，我可离不开你老朱了。"朱德也笑着说："我也离不开你老毛嘛。"

8月25日，红4军撤离桂东寨前圩绕道崇义、上犹返回井冈山时，担任前卫的是第28团2营4个步兵连及团部机炮连、迫击炮连，统由第2营营长袁崇全率领。

从郴州撤兵以来，第 28 团的一些官兵就对第 2 营营长袁崇全有些看法。战郴州时，第 3 营和敌人打得很激烈，团长王尔琢传令号兵通知第 2 营前往增援，可营长袁崇全装作未听见。第 3 营郑营长派人来向他求援，袁崇全却说："哼，你是营长，我也是营长，你凭什么指挥我？"故意按兵不动，幸好第 3 营撤得快，否则将全营覆灭。部队退至桂东布田圩时，有人发现袁崇全想走另一条路脱离大队。袁崇全的种种行迹，连朱德和军委也觉得他靠不住，曾决定调动他的工作。但进入桂东后，忙于打土豪，发动群众，分兵四处，来不及执行。

袁崇全确有反叛之心。袁崇全原是地主家的阔少爷，考入黄埔军校本想升官发财，没想到被大革命的洪流带入革命队伍。井冈山的艰苦生活，他早就经受不起了。从湘南撤离后，他一直在寻找机会，设法把自己掌握的 6 个连拉走，去投靠赣南国民党独立第 7 师刘士毅。出发前，朱德曾布置部队到三江口宿营。但袁崇全主意已定，仗着是担任前卫的营长，命令部队开往新地圩。战士们不知内情，只想早日回归井冈山革命根据地，都急速前进，因此，第 2 营渐渐地与大部队脱离。

袁崇全的行迹，引起机枪连党代表何笃才、第 6 连党代表赵尔陆、第 4 连连长粟裕等人的怀疑，他们觉得方向不对。天黑宿营后，一些连、排干部也纷纷向何笃才等反映情况。于是，何笃才等决定当面质问袁崇全。其时，袁崇全正和营党代表杜松柏等以打麻将为名聚在一起商议如何行动，见何笃才等众人前来责问改变宿营地一事，显得有点紧张，但仍以团部有通知掩饰过去。何笃才等回来后越想越不对头，发现所有路口都被营部改派双哨，便猜测到问题的严重性。何笃才、赵尔陆、粟裕等进行紧急磋商，决定将袁崇全不能掌握的 4 个连悄悄带离，回归军部。当晚，在何笃才、赵尔陆、粟裕等人召集下，由何笃才带领几个战士先行，假装查哨，摸掉哨兵，旋即带领 4 个连于翌日凌晨回到军部。

此时，朱德、陈毅、王尔琢正为第 2 营去向不明而愁眉紧锁，见第 2 营的 4 个连主动归队，不由欣喜万分，并从中得知了袁崇全率部准备叛变的情况。

对袁崇全的叛变行为，大家都极为气愤，有的主张打回来，有的主张干掉他。这时，王尔琢挥手制止说：“大部分人是受蒙蔽的好人，应争取过来，更好地为革命保存力量。如果内部再打，损失更大，我了解他们是受了欺骗所为，真正的罪魁祸首是袁崇全，还是我亲自把他们接回来。”

毛泽东和朱德都觉得此去凶多吉少，劝他不要冒险。可王尔琢说：“我万一有个三长两短也无所谓。只要能除掉叛徒，死也值得！”为了稳定军心，挽救革命，他不顾个人的安危，毅然决定要将他们亲自接回来，仅带少数兵力乘上快马，就一路扬鞭催马向袁崇全叛逃方向追去。

王尔琢率部赶到新地圩时，袁崇全已裹胁第5连与迫击炮连朝崇义思顺圩去了。王尔琢连夜追至思顺圩，一听说袁崇全他们在此，王尔琢即带1个警卫排冲进村庄。而此时，被袁崇全带到思顺圩的士兵也正一个个苦恼着，想不通他们的此行目的。“八月失败”的那场悲剧，使得他们团险遭全军覆没，现在原本定好回井冈山的路线，又改成了

奔向赣南，这让他们感到不安。

正在他们苦恼之际，街上响起了王尔琢的喊话，他们本能地意识到了险情，以为是有敌军来了，纷纷拿起武器准备迎接战斗。

快接近街口时，对方哨兵“叭叭”就是两枪，子弹从耳边擦过，王尔琢却若无其事地高声向哨兵喊道：“不要开枪，我是你们的团长王尔琢，是专门来接你们回去的！”

王尔琢平时很爱护士兵，经常和他们拉家常。哨兵停止了射击，战士们知道是团长来了，一个个惊喜交加，混乱的局面很快就平息，不少被裹胁的第 5 连和迫击炮连战士迅速回到王尔琢身边。

王尔琢向士兵们问明情况后，就让警卫排从两侧包围袁崇全的住处，防止他们逃走，他独自一人径直朝袁崇全的住处走去。王尔琢念及同乡关系，又是黄埔同学，全然不顾危险，朝着祠堂大喊：“袁崇全，杜松柏，你们快出来，跟我回去！既往不咎，我担保。”

袁崇全、杜松柏等几个头目一听是王尔琢来了，知道事情败露，惊恐万分。泯灭人性的袁崇全手持两支驳壳枪冲出房门，对着站立在祠堂外面的王尔琢“砰砰”连开两枪。

随行的何长工看见街心闪出几道黑影，马上呼喊“卧倒”，警卫排和他本人都随口令隐蔽倒下，但王尔琢却毅然挺立，嘴里还在呼唤他们“回来革命”。随着枪声响起，罪恶的子弹射进王尔琢的胸膛，王尔琢顿时血流如涌，一头栽倒在地，不幸壮烈牺牲。

叛徒罪恶的枪声和烈士的鲜血唤醒了两个连的士兵，他们认清了袁崇全的真面目，待他们将枪口对准凶手时，袁崇全等 20 多个叛徒早已逃得无影无踪。被骗去的最后两个连队终于回来，可是深受战士们爱戴的王尔琢团长却再也回不来了，牺牲时年仅 25 岁。

06 尾声

噩耗传来，红 4 军全军将士一片悲声，毛泽东、朱德、陈毅更是痛不欲生。

1928 年 8 月 25 日，当朱德听到王尔琢牺牲的消息时，离思顺圩还有一天的路程，他马不停蹄地赶到王尔琢牺牲的现场。王尔琢的遗体上盖着白色被单。朱德轻轻地揭开被单，眼泪像泉水般涌了出来。他抱着王尔琢的尸首痛哭不已，挥泪长叹："我军失去一位能将啊！"站在王尔琢身旁，肃立默哀了许久不愿离开。

毛泽东闻讯后及时赶到，对王尔琢作出高度评价，"尔琢的牺牲换回了两个连，稳定了红军，挽救了革命"。他的牺牲是红 4 军的重大损失，全军皆悲。

王尔琢一直都是毛泽东、朱德最为得力的助

手，也是他们最看好的将才，现在却命丧叛徒之手，实在是可恨、可惜、可叹！朱德安排战士们擦干净王尔琢身上的血迹，给他换上干净的军装，用棺木装殓，安葬在思顺圩外的虎形岭上。

1928 年 9 月 13 日，红 4 军攻克遂川县城，在死人堆里发现了装死的袁崇全，马上报告给朱德。朱德命令召开公审大会，将袁崇全这个可耻的叛徒在第 28 团全体官兵面前进行处决，为王尔琢报了仇。

1928 年 10 月上旬的一天，红 4 军军部在宁冈砻市的沙洲（今会师广场）上为王尔琢举行了追悼大会，有 2000 多军民参加。会场搭了个台子，台前用常青的松柏枝条扎了座门楼，挂着“追悼王尔琢烈士大会”的横幅，下面用雪白的棉花精心地缀成 4 个大字——赤潮澎湃。周围摆放着边区各界送的花圈和挽联。门楼两边挂着毛泽东拟稿、陈毅手书的巨幅挽联：

一哭尔琢，二哭尔琢，尔琢今已矣，留却重任谁承受？

生为阶级，死为阶级，阶级后如何？得到胜利方始休！

追悼会由陈毅主持，他心情十分沉重，认为王尔琢的牺牲是“红军极大损失”。朱德致悼词，他向全军将士讲述了王尔琢光辉战斗的一生，充分肯定了王尔琢成功地参与指挥五斗江、草市坳、龙源口等战斗，粉碎了国民党军队的多次“会剿”“进剿”，为井冈山革命根据地的创建立下了汗马功劳，号召全军将士学习烈士王尔琢英勇顽强的革命精神，继承烈士的遗志，为夺取革命胜利奋勇战斗！

1928 年 11 月，毛泽东在《井冈山的斗争》中写下这样一段话：“二十三日，会合从井冈山来的部队，议决经崇义、上犹重回井冈山。当到崇义时，营长袁崇全率一步兵连一炮兵连叛变，虽然追回了这两个连，但牺牲了团长王尔琢。”字里行间流露出对王尔琢不幸牺牲的无限惋惜和沉痛哀悼。

新中国成立后，周恩来在视察筹建中的中国

革命历史博物馆时，发现没有王尔琢的照片，十分焦急地告诉身边的工作人员说："要千方百计征集王尔琢的照片。"足见在周恩来心中王尔琢的地位是很高的。新中国成立初期，朱德得知王尔琢的妻子郑凤翠还健在，他曾反复叮嘱，一定要做好王尔琢家属的优抚工作。

为纪念王尔琢烈士，1969 年崇义县人民政府在思顺圩虎形岭建造了王尔琢烈士墓。1983 年在原址上重建，2006 年再次重修。重建后的烈士墓，采用大青石塑制墓棺，墓前竖有墓碑，正面刻有萧克将军题写的"王尔琢烈士之墓"7 个大字。墓基座上刻有王尔琢烈士生平简介。墓的四周栽有松柏花草，象征烈士精神浩气长存。

1981 年 12 月，时任中央军委委员、国防部副部长兼军事学院院长的萧克将军来到赣南，这位原红四军第 29 团 7 连连长、王尔琢的老部下，当年因身负重伤，未能参加王尔琢的追悼会。半个世纪后，他在崇义县思顺圩找到王尔琢墓，谒墓思人，不胜哀感，写下《谒王尔琢墓》一诗以记怀。这位身经百战的老将军，老泪纵横，一字一顿地

吟诵:

智勇双全震赣湘，
为除叛逆以身戕。
时逾半纪临君墓，
如见英姿焕大荒。

1987年10月，井冈山革命根据地创建60周年之际，在井冈山雕塑园竖立起王尔琢半身汉白玉雕像。青松翠柏中，王尔琢的容貌依旧年轻俊朗，仿佛历史和时间都没有在他身上留下一丝尘埃；王尔琢的目光依然坚定从容，仿佛一直在诉说着一段并不传奇、却永远值得永远铭记的故事。

2009年9月14日，为纪念中华人民共和国成立60周年，中共中央宣传部等多个单位联合举办“100位为新中国成立作出突出贡献的英雄模范人物和100位新中国成立以来感动中国人物”评选活动，红军骁将王尔琢被评为“100位为新中国成立作出突出贡献的英雄模范人物”。

沧海横流，方显英雄本色。近一个世纪过去

了，王尔琢的名字和事迹依然在他的家乡常德广为传颂：

一夜风云变，上海大屠杀。
尔琢拔刀起，血誓效讨伐。
革命不成功，此生不理发。
新婚方五月，大义割柔肠。
致书慈父母，泪落沾衣裳。
为救工农苦，不能侍羹汤。
南昌首义后，转战上井冈。
指挥主力团，威震赣与湘。
三战丧敌胆，活捉两只“羊”。
红旗闪耀处，须发自堂堂。
崇义追叛徒，桂花落地黄。
英年二十五，天地为悲伤。
……

后　记

一个民族不能没有英雄，否则这个民族就不会强大。当国家危难之际，英雄挺身而出，用热血捍卫民族的尊严、人民的幸福。如今，战火已熄，硝烟已散，英雄已逝，但英雄的精神永存，英雄的故事仍在传颂，它像一座不朽的精神丰碑，一直在激励我们砥砺前行。

一代人有一代人的责任，一代人有一代人的使命担当。王尔琢用年仅25岁的生命，践行了他一生"追求真理，救国救民"和"永远相信党跟党走"的初心和使命。新时代新征程，全党全国各族人民正在意气风发向着全面建成社会主义现代化强国的第二个百年奋斗目标迈进，每一个共产党人都要像王尔琢那样，始终不渝地坚定共产主义远大理想，始终不渝地为中国人民谋幸福，为中华民族谋复兴，在自己的本职岗位上勤勤恳恳、踏踏实实工作，在平凡的工作岗位上践行自己的初心和使命。

本书是在前人研究成果的基础上，从王尔琢平凡而伟大的一生中选取了一些最具代表性的英雄事迹，结合中国革命发展历程和英雄烈士光辉人生经历，在充分尊重史实的前提下，汇编成系列故事，力求在宏大历史潮流中写好人民的英雄，用感人的故事传递英雄伟大的精神。在编写过程中，得到军事科学院军队政治工作研究院领导和机关的大力支持，赵一平、张明金、康月田、李博、李平、陈政举等多位军史专家进行了审读，提出了宝贵的意见。

主要参考的书籍和资料有中共党史人物传《王尔琢》（宋俊生、刘晓农编著/中共党史出版社）、100位为新中国成立作出突出贡献的英雄模范人物《王尔琢》（卢琪编著/吉林出版集团、吉林文史出版社）、英烈故事丛书《红军骁将王尔琢》（贾国辉编著/湖南人民出版社）、大型文献纪录片《井冈山》（中央文献音像出版社）、《毛泽东年谱（1893—1949）》（中共中央文献研究室编/中央文献出版社）。

在此，谨向关心和帮助此书的各位领导、各位专家学者，以及上述作者、编辑致以最诚挚的谢意！

图书在版编目（CIP）数据

王尔琢 / 军事科学院解放军党史军史研究中心编著. --北京：学习出版社，2022.11
（中华先烈人物故事汇）
ISBN 978-7-5147-1110-3

Ⅰ.①王… Ⅱ.①军… Ⅲ.①王尔琢（1903-1928）—生平事迹 Ⅳ.①K827=6

中国版本图书馆CIP数据核字（2021）第266820号

王尔琢
WANG ERZHUO
军事科学院解放军党史军史研究中心

责任编辑：翟晓波　　封面绘画：刘书移
技术编辑：胡　啸　　内文插图：韩新维
美术编辑：杨　洪

出版发行：学习出版社
北京市东城区崇外大街11号新成文化大厦B座11层（100062）
010-66063020　010-66061634　010-66061646
网　　址：http://www.xuexiph.cn
经　　销：新华书店
印　　刷：河北鹏润印刷有限公司

开　　本：787毫米×1092毫米　1/32
印　　张：5.375
字　　数：76千字
版次印次：2022年11月第1版　2022年11月第1次印刷

书　　号：ISBN 978-7-5147-1110-3
定　　价：21.00元

如有印装错误请与本社联系调换，电话：010-67081356